普通高中新课程新教材
实施的区域行动

第五卷

指向核心素养的
单元教学建议2

杨浦区普通高中"双新"实施国家级示范区建设工作组　组编

华东师范大学出版社
·上海·

图书在版编目（CIP）数据

普通高中新课程新教材实施的区域行动. 第五卷, 指向核心素养的单元教学建议. 2 / 杨浦区普通高中"双新"实施国家级示范区建设工作组组编. -- 上海 ：华东师范大学出版社，2025. -- ISBN 978-7-5760-6339-4

Ⅰ. G632.3

中国国家版本馆 CIP 数据核字第 20256MX733 号

普通高中新课程新教材实施的区域行动
第五卷：指向核心素养的单元教学建议 2

组　　编　杨浦区普通高中"双新"实施国家级示范区建设工作组
策划编辑　彭呈军
责任编辑　吴　伟
责任校对　王丽平
装帧设计　卢晓红

出版发行　华东师范大学出版社
社　　址　上海市中山北路 3663 号　邮编 200062
网　　址　www.ecnupress.com.cn
电　　话　021 - 60821666　行政传真 021 - 62572105
客服电话　021 - 62865537　门市(邮购)电话 021 - 62869887
地　　址　上海市中山北路 3663 号华东师范大学校内先锋路口
网　　店　http://hdsdcbs.tmall.com

印 刷 者　上海邦达彩色包装印务有限公司
开　　本　787 毫米×1092 毫米　1/16
印　　张　8.75
字　　数　182 千字
版　　次　2025 年 8 月第 1 版
印　　次　2025 年 8 月第 1 次
书　　号　ISBN 978 - 7 - 5760 - 6339 - 4
定　　价　38.00 元

出版人　王　焰

（如发现本版图书有印订质量问题，请寄回本社客服中心调换或电话 021 - 62865537 联系）

指导委员会

序一 持续推进"双新"示范区建设 不断深化育人方式改革

尹后庆

党的二十大报告提出要"坚持以人民为中心发展教育,加快建设高质量教育体系,发展素质教育,促进教育公平"。普通高中"双新"实施正是深化教育领域综合改革,着力促进教育高质量发展,办好人民满意的教育的重要领域。党中央、国务院高度重视促进普通高中教育内涵发展和质量提升,颁布了《关于新时代推进普通高中育人方式改革的指导意见》等重要文件,高质量地推进"双新"实施。

杨浦区牢牢把握作为上海唯一的普通高中新课程新教材实施国家级示范区、基础教育创新试验区,以及国家级信息化实验教学区、生命教育综改试点区等在更高起点向全面提高育人水平进步的历史契机,上下齐心,在诸多领域有所作为。杨浦区通过深化区域教师教育改革,高起点定位、高标准建设、高质量育人,提升教师的专业胜任力,完善区域教师教育方式与机制,努力为每一位教师、每一位学生的健康发展提供沃土,满足人民群众对优质教育的期望,致力于向更高方面的教育城区发展,也为上海乃至全国贡献杨浦特色的教师教育经验。

《普通高中新课程新教材实施的区域行动》丛书是杨浦区打磨数年的作品,融理论与实践、经验与体会于一体,思考深刻、案例丰富、解读有道。丛书涉及区域系统设计、制度建设、学校系统规划、国家课程的校本化实施、"双新"背景下素养导向的课堂教学变革、区域如何通过深度教研实现课程价值与教师专业的协同发展,以及"双新"背景下教育评价的改革实践等,聚焦的都是教育教学改革中区域、学校、教师所碰到的急难愁盼问题,很有针对性。希望广大读者从杨浦区的经验中得到启示,推进以学生发展核心素养为主线的新课程体系建设,为不断优化育人方式作出不懈努力。

"双新"在全国的推广已经逐步向纵深发展,面对党中央提出的更高要求,时代对人才提出的更高要求,我们要担负起自己的责任。一是通过持续优化教与学的行为将课改理念落地。所有学校的课堂里,把已有的系统设计转化为教与学的行动,包括日常课堂上教师们主导教学的具体行为,以及学生作为主体,在学习过程中的具体方法、方式,这是课程改革理念和方案能不能真正落地、能不能达到预期效果,学生核心素养培育的目标能不能真正实现的关键环节,也是育人方式能不能真正改变的关键环节。二是回归学习本质,促进学习真实发生。ChatGPT的诞生已经再次表明传统的学习方式必然要发生颠覆性改变,ChatGPT将真正实现个性化学习。教师必须改变过去以"知识点"为导向的教学,要回归人为什么学习、怎么学习、怎么促进学习这些认识论的本源性问题,如何将学习内容结构化,如何解构复杂问题,教师如何更好地建立学习内容与学生已有认知之间的桥梁是未来一段时间内学校、教师面临的真问题和真挑战。三是教师的学习要实现从"自在"到"自为"的跃迁。教师是实现落实立德树人根本任务的关键,教师站得高学生才能站得高。长久以来,教师的自我学习多呈现被动、目的性强、持续时间短等特点,面向未来,教师的学习要从不断反躬自省开始,养成主动学习、主动广泛学习、主动形成学习共同体的意识,将学校真正打造成一个立体的学习共同体组织。

面对新的征程,我们教育工作者要义无反顾地承担起为党育人、为国育才的使命,自我精进、自我发展、自我超越,并且引领学生走向未来、赢在未来。

序二

向更深层次更高质量迈进：普通高中"双新"课程改革的杨浦行动

安桂清　崔允漷

　　普通高中教育承担着为学生适应社会生活、高等教育和职业发展作好准备的多重使命，是整个国民教育体系高质量发展的重要组成部分。为贯彻党的二十大报告提出的"建设高质量教育体系"的具体要求，落实国务院办公厅印发的《关于新时代推进普通高中育人方式改革的指导意见》（国办发〔2019〕29 号）、教育部发布的《关于做好普通高中新课程新教材实施工作的指导意见》（教基〔2018〕15 号）等的相关规定，杨浦区作为上海市唯一的普通高中"双新"实施国家级示范区，在落实"双新"课程改革中充分发挥区域积淀的教育优势，借助区域课程领导力的提升，积极探索将文件精神转化为示范区、示范校的建设规划与实施方案，努力构建"双新"实施的有效路径与变革机制，初步形成以本套丛书为代表的、具有示范作用的优质成果。

　　超越区域在政策转化中通常发挥的上传下达的传统角色与功能，杨浦区作为变革主体以极大的热情和扎实的行动推进"双新"课程改革，本套丛书展现了区校协同发力，共同推进变革的路线与行动。回顾三年的建设历程，其行动路径历历在目：

　　第一，强化基础调研，做好顶层规划。在示范区建设启动阶段，杨浦区通过对区内 15 所高中全体教师的问卷调查，收集区域高中课程教学改革的进展信息，分析其存在的优势与不足，结合"双新"实施的总体要求，以规划的编制为核心任务，先后制定示范区建设工作三年规划、教育学院实施方案、专业支持项目方案以及学校"双新"实施方案，形成四级"双新"示范区建设指导性文本。规划编制的过程即教育主体形塑变革愿景的过程，杨浦区立足区位实际的规划行动，增强了外部政策与内部发展需求的一致性。

　　第二，聚焦关键问题，推进项目研究。"双新"课程改革是国家课程方案转化的攻坚行动。杨浦区以学校课程实施规划的编制为抓手，探索国家课程校本化实施的路径；聚焦素养本位的创智课堂建设，力图突破课程变革的堡垒；开展基于新课程标准的学业质量评价研究，深化考试与评价改革；探索指向深度学习的单元教学实践，深化学生学习方式创新。围绕上述普通高中的关键问题，杨浦区以课程建设、课堂转型、评价改革与学习创新等项目研究为载体，建构"双新"推进的实践路径、行动策略与变革机制，致力于突破变革难点，形成区域"双新"推进的整体格局。

第三，落实循证实践，助力迭代改进。杨浦"双新"示范区建设的项目推进过程注重通过同行评议和工具评价等方式获取行动干预措施的效果证据，并将证据应用到实践中，实现实践的迭代改进。同行评议主要采用同行学者认同的学术质量标准进行项目的过程评估，工具评价主要是借助所开发的课程实施质量检测工具，检测"双新"国家示范区项目的实践进展是否符合项目的目标与承诺。循证实践有助于听取不同处境、利益、偏好等参与者的意见，并将其纳入改革方案，使实践更具人性化。

第四，改变支持方式，提升教研能级。区教育学院作为"双新"课程改革最主要的专业支持力量，超越传统的教研活动主导的支持方式，从职能定位、组织结构、主题内容、行动路径等多个角度积极探索区域教研转型。针对"双新"推进中的跨学科课程开发、单元教学设计、基于学业质量标准的测试命题、信息技术与教学的深度融合等核心任务，教研员通过开发实践指南、表现样例、资源平台和教师研修课程等，为教师提供各类学习支架，在推动教师自主学习、自觉发展的同时，也促进了自身专业支持能力的提升。

第五，加强经验辐射，促进区域均衡。为促进区域高中教育的优质均衡，在"双新"课程改革的推进过程中，区域建设了一系列开展研修活动、交流展示和资源共享的平台。项目相关平台促进了"双新"示范区建设项目与"上海市基础教育创新试验区"建设项目的协同共进；创新实验室平台成为支撑学生创新素养培育的教学平台与空间资源；各类展示平台的搭建为不同职业发展阶段与发展需求的教师提供了展示自我的机会与舞台；基于区数字基座建构的"同创学习空间""创智云平台"等网络平台成为学生成长和教师发展的应用系统。平台建设促进了区域教研训培的一体化发展，借助平台，区域将个人智慧和学校经验转化为集体智慧和区域实践。

课程实施质量检测的数据表明，杨浦区的变革行动切实提高了"双新"课程改革的实施水平，提升了普通高中的育人质量。深究其变革逻辑，下列几点经验值得其他区域借鉴：

第一，构建以学习网络为特征的变革共同体。"双新"课程改革一方面是教育局、教育学院和学校的任务，另一方面也要关注多个利益群体的诉求与参与。杨浦区联合上海市教师教育学院、华东师范大学课程与教学研究所等机构，借助项目研究共同体、学科高地、创新实验室、教育集团、教育专业团体以及家庭和社区机构的广泛参与，构建"双新"课程改革的学习网络。通过项目研究与平台建设，使各类群体结成学习共同体，促进个人之间以及个人与群体之间的交流互动，从而摆脱变革中的孤立性，促进不同群体不仅在思想上增强对变革的认同感，而且在行为上回应彼此的现实需求，这有助于形塑一种相互融通、协同创新的区域变革文化氛围。

第二，推动变革愿景作为公共话语的演化过程。变革不是对预定方案的执行。示范区建设的三年规划是立足杨浦实际，在广泛征求意见的基础上形成的。各方的观念表达与智慧阐释凝聚成区域层面的变革愿景。同时借助四级"双新"示范区建设文本的建构，变革愿景得以持续生成并获得校本化表达。正如富兰所说："共同愿景和主人翁感是高质量变革过程的结果而非前提条件。"变革愿景在落地中的调整与演化有助于形塑基层变革的公共话语，降低变革的摩擦成本，使变革更易发生。

第三，以能力建设作为变革的核心政策工具。传统的区域惩戒性的问责方式无法切实提升学校的课程领导力，而且极易导致课程变革的运动痕迹和失真现象。杨浦区在"双新"改革推进中通过示范深度调研的工具与方式增强学校基于问题解决的行动能力，通过指南、规格、样例和资源包等工具的开发增强学校课程实施的自我反馈、改进与创造能力。以能力建设作为政策工具，学校实践者的个体智慧才能整合进变革过程，区域的变革诉求才可能真正落地。

第四，借助效果评估实现变革理想与实践的双向匡正。循证实践通过发现问题，采取干预措施，收集效果证据，提供干预措施的改进方向，为变革路径的选择与修正提供了精准反馈。对改革成效的检验与分析贯穿于杨浦区推进"双新"过程的始终。通过对照变革方案的目标与承诺，开发评价框架、指标体系和评估工具，在收集评估数据的基础上不断调适和修正变革的行动路径。另一方面，通过对区域变革样本的充分观察和合理整合，项目组得以提炼并集成"双新"课程改革的有效元素，从而在萃取优秀实践经验的基础上建构更为完善的变革愿景与方案。

第五，保持对平等的关注并将其视为变革的价值承诺。"双新"课程改革的推进不能仅仅是树立"典型"，保持对所有学校的平等关注与公平对待也是杨浦在变革行动中的追求。区域注重采取"试点突破—区域示范"的策略管理变革实施过程，通过设置试点校、基地校或种子团队等试点单位和群体，基于先期探索形成可行的变革经验，之后通过示范引领将变革经验推广到区域各校。"示范"作为政策执行的核心机制，有助于建构区域变革的动机结构，对其他学校的变革起到动员和调节作用，从而促进普通高中的优质均衡发展。

"双新"课程改革的杨浦行动为其他区域的变革提供了路标指引，但由于区域自然条件和变革生态的差异，不同区域的变革历程并无地图可售。同时，变革总与问题同在，但无论是何种步履维艰，我们都应秉持一个基本信念：通往变革的道路不是我们要去的地方，而是一个我们要创造的地方！

目 录

第一章　促进学生核心素养培育的学科教学建议(高中思想政治)

上海市杨浦区教育学院　王开尔

一、单元教学关键问题分析

(一) 问题的提出

1. 如何对单元教学的学习环境进行本地化设计?

高中思想政治课程是落实立德树人根本任务的关键课程,应当着眼于学生的真实生活和长远发展,使理论观点与生活经验有机结合,让学生在社会实践活动的历练与自主辨析的思考中感悟真理的力量,自觉践行社会主义核心价值观。这一定位对高中思政课学习环境的建设提出了很高的要求,意味着教学设计必须力争选择与学生生活有关的情境和资源,才能真正实现核心素养的提升。

由此,开发本地化的教学资源以便于在课堂建构贴近学生生活经验的情境就成为必然的选择。只有结合学生所在地的资源,围绕具体的本地化问题组织议题与任务链,才能有效激发学生的学习兴趣,在更为真实的案例中提升学生解决问题的相关能力。

2. 如何在单元教学中贯彻大中小学思政课一体化建设要求?

习近平总书记强调:"要把统筹推进大中小学思政课一体化建设作为一项重要工程……推动思政课建设内涵式发展。"党的二十大报告再次强调,用社会主义核心价值观铸魂育人,完善思想政治工作体系,推进大中小学思想政治教育一体化建设。

根据 2022 年版的《义务教育道德与法治课程标准》,2017 年版、2020 年修订的《普通高中思想政治课程标准》和 2021 年教育部发布的《高等学校思想政治理论课建设标准》的教学目标要求,不同学段应当重视加强教学目标的完整性、连贯性和一致性,将总目标融入不同学段的具体分目标中。其中,高中思政课正处于"拔节孕穗"关键期,承担着"承上启下"使命,应当通过有针对性的单元教学设计,既巩固义务教育阶段的价值观根基,又为高等教育输送具有使命担当的"准公民"。

3. 如何实现基于单元情境的"教学评"一致?

《普通高中思想政治课程标准(2017 年版 2020 年修订)》指出:评价要着重评估学生解决情境化问题的过程和结果,反映学生所表现出来的思想政治学科核心素养发展水平。当前,上海高中学业水平考试改革已经明确向单元化、情境化方向迈进,在这一背景之下,高中课堂教学,尤其是高三教学如何在单元教学设计理念指导之下,进一步强化情境建构,设置合理的学科任务,用好评价工具,进一步提升学生运用所学知识和技能解决情境问题的能力,成为高中教学收尾阶段的重要课题。

长期以来,高三教学对于知识与方法的巩固过于依赖教材结构,通过分散的案例强化学生对单个知识点的理解与运用,教师缺乏构建跨章节的完整单元、设置多层次学科任务的主观能动性,导致课堂教学与考试评价存在形式与内容的脱节,进而影响了课堂教学成果和考试评价的信效度。

(二) 问题的价值

1. 有利于高效推动立德树人根本任务的完成

将学生所在地的本地化案例融入高中思政课的单元教学设计,通过创新学习环境构建具有当地特色的教学情境,有助于运用更贴近学生生活的方式和内容,增强学生的政治认同与社会责任感,使他们关心社会、服务社会,积极参与社会实践。以杨浦区高中思政课集中运用"人民城市"建设案例为例,此举有助于培养学生的创新思维,鼓励他们为城市建设提出方案,提升实践能力,同时在社会实践项目中进一步增强团队合作精神。对于思政课教师而言,这一做法能够拓宽教学视野,引导教师关注城市发展中的实际问题,提升教学的现实性和针对性。同时,进一步鼓励教师进行有针对性的教学方法创新,探索案例教学、项目式学习等多种教学方式,增强课堂互动性,提升教学效果。另外,此举还有助于引导教师在深入学习城市发展与规划等相关领域知识时,提升专业素养和跨学科教学能力。

2. 有利于打造一体化育人网络

在高中思政课单元教学设计中重视大中小学思政课一体化建设,有助于通过纵向衔接、横向协同的育人体系,实现学生核心素养的螺旋式进阶与教师教学能力的系统性突破。对于学生而言,将有助于避免不必要的重复性学习,将学习活动聚焦于适合高中生学情的情境与议题之中,通过承接小学、初中阶段已有的内容与能力,进一步深化对中国特色社会主义道路的政治认同,同时逐步提升公共参与能力,进而培养批判性思维,为之后大学阶段的学习打下更为坚实的基础。另外,一体化建设对于高中思政教师的教学能力提升也有着重要价值,即从根本上提升其整合跨学段课程资源的能力,精准定位高中教学内容在育人链条中的坐标,避免在教学设计中出现知识重复或断层,真正提升高中阶段的教学针对性,从而更好地设定教学目标并开展教学活动设计。

3. 有利于实现课堂教学与纸笔评价的相辅相成

在高三阶段,强化以单元情境为背景设置系列学科任务,进而强化学生在真实情境下解决问题的能力,实现与当前学业水平考试评价形式和内容的统一,这有助于教师加深对学科核心素养以及将其运用于问题解决的理解,摆脱传统教学,尤其是复习阶段重知识轻素养的惯性影响。将课程标准中对于核心素养的理解与认识真正贯彻到"教学评"的每一个环节中,打通三个年级在单元教学设计实践方面的壁垒。这对于非高三年级教学同样具有示范作用,指导高一高二年级的评价设计,整体提升教师教学能力。评价领域的改进也将直接作用于学生核心素养水平的提升,进一步促进学生在课堂内外综合运用所学知识和方法分析并解决问题的能力,切实落实课程标准的具体要求。

二、单元教学关键问题解决

（一）如何对单元教学的学习环境进行本地化设计

2019年11月，习近平总书记在上海考察时，在杨浦滨江提出"人民城市人民建，人民城市为人民"的重要理念。在全国各地积极推进习近平新时代中国特色社会主义思想"三进"实践的大背景下，习近平总书记在杨浦滨江提出的"人民城市"重要理念对于杨浦区思政课程开发本地化资源无疑是一笔巨大的财富。此后，杨浦区围绕"人民城市"开展的一系列实践及其重要成果，以及相应的大量场馆设施，都为杨浦区高中思政课创造性地构建有效的学习环境提供了重要支持。因此，打造具有杨浦区域特色的"大思政课"，提升学生对中国特色社会主义道路的政治认同，势必需要大力推动将"人民城市"重要理念深度融入思政课程的单元教学设计中。

1. 确定"人民城市"重要理念的具体内容

要将"人民城市"重要理念充分且合理地融入高中思政课教学设计，先是需要教师对"人民城市"重要理念进行针对性梳理，通过阅读文献与专家指导，对理念在理论研究与实践中的主要内容与亮点进行整理，确立起初步的理论框架。根据现有研究，可以重点梳理"人民城市"理论与实践发展过程中的关键领域，如党的城市工作、城市生态建设、城市文化建设、城市法治建设等，寻找最新的理论研究成果和成功实践案例。

另外，以上述研究成果为参照，教师应围绕教材，将教材中具体的知识内容与"人民城市"理论、实践成果相对照，筛选出内容观点相匹配的部分，以此支撑与思政课相关的单元教学设计。必要时，可以根据"人民城市"的相关理论体系，对教材章节进行重组，实现基于"人民城市"相关情境的跨章节单元教学设计。以下提供一则案例。

单元教学设计：全面依法治国背景下的"人民城市"建设

单元说明：全面依法治国是党领导人民治理国家的基本方式。在"人民城市"重要理念的实践过程中，坚持以法治推进城市的社会治理是实现大城善治的重要方法，第三单元"全面依法治国"一共有三课，第七课旨在引导学生了解我国法治建设的成就；理解习近平法治思想的基本内涵和重要意义；明确全面依法治国的总目标是建设中国特色社会主义法治体系、建设社会主义法治国家；第八课旨在阐明法治国家、法治政府、法治社会的意义和措施；第九课旨在阐述科学立法、严格执法、公正司法和全民守法的基本要求。学完本单元，学生懂得必须坚持中国特色社会主义政治发展道路，坚持党的领导、人民当家作主、全面依法治国有机统一；理解推进国家治理体系和治理能力现代化的重要性；培养有序参与政治生活和公共生活的能力。

在"人民城市"的建设过程中，围绕社会治理相关议题，尤其重视通过实行法治保障人权、维护社会和谐，实现城市发展的长治久安，推进国家治理现代化。建设法治中国与推进"人民城市"建设都是重大的系统性工程，既需要党和国家的统筹规划，更需要公民和全社会的参与推动。全面推进依法治国，要坚持依法治国、依法执政、依法行政共同推进，坚持法治国家、法治政府、法治社会一体化建设。

这一单元教学设计较好地对"人民城市"重要理念中的法治元素进行了提炼,并选择了与之相匹配的必修三第三单元"依法治国"作为与教材的结合点,阐明了全面依法治国对推进中国特色社会主义事业发展的重大意义,也充分结合了法治在社会治理与人民城市建设方面的重要价值,之后每课时的教学设计都积极围绕城市治理中的法治建设问题构建情境、布置任务,实现了"人民城市"重要理念在思政课单元教学设计中的渗透与融合。

2. 根据单元结构,以"人民城市"实践案例构建情境

"人民城市"重要理念融入思政课程的重点在于构建符合高中生认知特点的课堂情境与学科任务,使得学生能够在合理的任务驱动下聚焦"人民城市"建设过程中面临的具体问题和现实成果,通过分析与解决相关问题,提升学科核心素养,同时强化对"人民城市"重要理念的理解与认同。因此,教师应当重点选择与学生日常生活关联较为密切,切实提升城市生活质量的案例,以此作为情境创设的母本。

同时,教师必须完整考量单元教学中每一课时内容的位置与功能,保证形成完整的结构与通顺的逻辑,从而实现单元教学目标。单元结构既可以遵循教材内容的逻辑,也可以建立在"人民城市"建设中某个案例或情境的逻辑之上,以相对灵活的方式实现最佳教学效果。以上文"全面依法治国背景下的'人民城市'建设"单元教学设计为例,其围绕城市治理中的法治主题,通过引入两个法治建设案例,分别对教材内容中的"法治政府"与"严格执法",以及"法治社会"与"全民守法"进行了内容整合,遵循相关案例情境的展开过程,衍生出对应的学科任务与具体问题,综合运用教材知识内容,进行分析与回答,获得了较好的教学效果。以下提供一则案例。

案例背景:结合教师所在学校校门前正在进行路政工程的实际场景,播放"李老师上班路"视频,向学生展现道路施工情况并引出具体问题。

教学设计:提出两个问题,一是你如何评价这条路?二是针对这条路,为方便民众出行,你会怎么做?教师呈现路面整治过程中存在的噪音扰民问题,引导学生针对问题,结合现实生活与教师下发的"锦囊妙计",分析政府应该怎么做,以避免或减轻路面整治噪音对人民群众的困扰?

通过这一教学活动,教师将"人民城市"建设聚焦于学生日常学习与生活的场景,基于市政工程中出现的问题,引导学生在尝试解决问题的过程中逐渐领悟并掌握法治政府与严格执法等原则与方法的必要性,实现了将原本细碎的教材内容整合进一个完整的情境之中,有助于学生切实理解并认同有关全面依法治国的相关内容。以下再提供一则案例。

案例背景:2023年,上海市杨浦区人民法院首次探索利用"家门口法庭"巡回审判模式处理一起因加装电梯引发的邻里纠纷,合议庭和工作人员组成移动法庭团队至小区老年活动中心进行案件审理。

教学设计：教师展示照片,引导学生思考交流:"家门口法庭"给你留下了怎样的印象? 呈现本课议题:"家门口法庭"何以助力法治社会建设? 学生从原告(高层业主)、被告(低层业主)、法官、居民区党组织、区住房保障和房屋管理局、居委会、业委会、人民调解员等角色中,自主选择一个角色参与后续课堂学习。

在这一教学设计中,教师通过杨浦区"家门口法庭"的真实案例,引导学生模拟不同角色,初步学会用法治思维和法治方式解决邻里纠纷矛盾,为后续的教学活动打好基础。"家门口法庭"是杨浦区法院推出的一个便民服务项目,旨在为居民提供更加方便快捷的司法服务。其目标是让法院服务更加贴近社区,方便当地居民处理一些日常的法律事务。

从课时设计的角度来看,这个案例与上一个案例的作用类似,都很好地将"人民城市"理念指导下的具体实践案例融入思政课教学设计之中,并以此重新整合教材知识点,有效提升了教学成效。从单元教学设计的角度来看,这一案例又与上一案例形成了从政府到社会的连续结构,遵循全面依法治国的基本要求,形成有机的结构,既体现"人民城市"重要理念,又贯彻了单元教学的要求。

3. 强化以合理有效的问题链提升学生核心素养

单元教学的结构化特点不仅要求课时与课时之间形成合理的逻辑链条,为分析和解决问题构建完整的框架和方案,同时也非常注重在具体课时的教学设计中构建完整的情境,引导学生在结构化的学科任务中提升学科核心素养。其中,教师是否能够设置合理有效的问题链,决定了情境结构的合理性。

一方面,情境中的问题设计需兼顾宏观社会议题与微观个体经验,既要反映国家发展战略,体现立德树人的课程性质,也要关联学生生活实践,确保学生能够真实地进入其中;另一方面,需要将情境中的核心问题分解为递进式问题链,形成"现象观察→归因分析→价值判断→行动设计"的逻辑闭环。以下提供一则案例。

教学设计：口袋公园中的价值判断与价值选择

问题1

教师活动：引导学生就手中调研报告的第一部分"口袋公园建设的背景及意义"进行研读,并思考两个问题:

(1) 国家选择建设口袋公园有何现实原因?

(2) 口袋公园有何价值优势?

学生活动：仔细研读调研报告,根据教师的问题,积极发表自己的观点。

教师活动：教师引导学生回答问题,并通过细微问题追问,总结得出口袋公园建设的现实原因和价值优势。通过对口袋公园建设的价值选择进行应用分析,引导学生理解事实判断、价值判断、价值选择的定义,分析价值判断与价值选择的关系及产生,得出相应的知识点。

问题2

教师活动：引导学生就手中调研报告的第二部分"口袋公园建设的历史溯源"进行研读,并思考两个问题：

(1)不同历史时期,我国城市公园建设有何不同?

(2)不同时期,国家公园建设的不同选择体现了价值判断与价值选择的什么特点?

学生活动：小组间相互讨论,思考并回答问题。

教师活动：分析概括学生回答,归纳总结出价值判断与价值选择的另一个特点——社会历史性,同时呈现材料：三个不同历史时期全国公园数量、绿地面积、功能等方面的变化,并提出问题：不同历史时期,我国城市公园建设(数量、类型、功能……)为何会不同?

学生活动：认真思考,从经济发展、主要矛盾变化等方面回答该问题。

教师活动：总结学生回答,引导学生透过现象看本质,得出价值判断与价值选择遵循的标准——自觉遵循社会发展的客观规律。

问题3

教师活动：引导学生思考：并不是每一历史时期都有口袋公园的出现,那口袋公园未来又将如何发展呢?

学生活动：调研小组结合PPT和视频,就口袋公园建设的基本情况进行课堂汇报。

教师活动：针对学生分享的不同人群对待口袋公园的态度存在差异这一问题进行具体分析,提出问题：

(1)群众为什么会对口袋公园的建设持不同观点?

(2)群众的不同观点体现了价值判断与价值选择具有什么特点?

学生活动：仔细思考并回答问题。

教师活动：总结学生回答,归纳出价值判断与价值选择的特点——主体差异性。

问题4

教师活动：请同学们根据小组分享内容及调研报告呈现内容总结：当前口袋公园建设存在哪些问题?(可从不同主体、不同方面来总结回答……)

学生活动：就口袋公园建设存在的问题进行总结。

教师活动：请从不同立场出发,选择不同角色,为如何打造高品质"口袋公园"建言献策。

学生活动：站在不同立场,扮演不同角色,为进一步完善"口袋公园"建设建言献策,并分享发言。

教师活动：板书总结学生发言,总结完成后呈现材料——住房和城乡建设部印发的《口袋公园建设指南(试行)》的原则,指出学生提出的对策建议中与口袋公园建设原则之间的契合之处,同时指出虽然学生所处立场不同、角色不同,提出的建议也都不同,但基本与试行文件所传递的核心理念一致：口袋公园的完善是为了人民,满足人民对美好生活的需要,体现了"人民城市"理念。进而总结归纳出价值判断与价值选择遵循的另一标准——自觉站在最广大人民的立场上。

在这一案例中,教师选取了"人民城市"建设中的生态建设主题,将新发展理念中的绿色发展聚焦于独具特色的杨浦区口袋公园案例之中,通过"社会现象—追溯历史—展望未来—建言献策"四个环节搭建起逻辑完整的问题链。既充分展现了口袋公园这一能够反映人民城市建设的典型案例,又很好地嵌入了有关价值判断与价值选择的教材内容,有针对性地引导学生在探究问题的过程中提升科学精神等素养。

(二) 如何在单元教学中贯彻大中小学思政课一体化建设要求

1. 兼顾具体学情,提高教学活动的可操作性

一体化背景下的单元教学设计需要特别重视兼顾具体学情,如果教学活动与具体学情不匹配,教学活动的效果就会大打折扣。所谓学情包括不同年级、不同班级、不同学生之间的学情。在高中思政课教学中,三个年级在一体化背景中的定位与特点其实各不相同,高一是准备阶段,这一阶段的学生仍旧保留着对初中道德与法治课程内容的记忆,教学设计应当充分利用学生的已有基础,寻求进一步的提升,而到了高二、高三年级,除了面临升学压力日趋加重的情况以外,也面临着高中与大学阶段如何衔接的重要问题。因此在不同年级,应当视情况调整单元教学设计中与初中和大学的衔接内容,做到由浅入深、螺旋式上升。以下提供一则案例。

教学设计:滨江蜕变——从"人民城市"重要理念的生动实践探索人民城市发展

*教师活动(高中教师):*以"绿之丘"案例展示滨江蜕变的系列成果——教师展示从绿之丘不同盒子空间的功能设计再到整个杨浦滨江的阶段性改造成果,展现由人民共建的改造成果如何惠及每个人。并组织学生分析其对人民生活的影响。

*学生活动:*分小组讨论,代表发言表达对改造工程成果的感想。

*教师活动(高中教师):*归纳总结发展成果由人民共享:(1) 保障和改善民生;(2) 增进人民福祉、走共同富裕道路,并以板书回顾三角逻辑图,总结发展为了人民、发展依靠人民、发展成果由人民共享的辩证关系。

......

*教师活动(大学教师):*展示绿之丘的前身——1996 年的烟草仓库,在改造之前,它并未被作为仓库使用,留存价值低;阻挡杨浦市民直观欣赏江边景色;外观美感不够,影响滨江整体观赏效果;室内采光差,等等。通过指出这些问题,引导学生思考,如果当时你是设计师,会如何对建筑进行改造呢?

在学生简单交流后,教师展示同济大学团队对绿之丘的四个改造步骤,探究杨浦滨江的改造是如何始终坚持把最好的资源留给人民,把更多公共、绿色空间留给人民。这充分彰显了城市由人民建设、城市建设为了人民这一内涵,一切工作都要把人民放在中心地位,以人民满意与否为衡量标准,最终指向了"人民城市"的建设。

这一案例中使用了独特的高中教师与大学教师的双师课堂结构,他们各自负责教学环节的前后两个部分,在杨浦滨江建设这一议题之下,围绕"绿之丘"这一经典改造项目,进行了合理的分工与配合。高中教师立足教材内容引导学生分析项目改造背后的新发展理念,同时也不满足于对滨江改造成果做简单的价值判断,而是充分动用大学的专业力量,邀请大学教师围绕改造背后的技术方案,向高中生介绍成功的具体路径。这样的一体化教学设计实现了高中与大学的有效衔接,既满足了高中思政课的教学要求,又很好地向高中生展现了大学的相关学科特点,在完成立德树人任务的同时又为学生的生涯规划提供了助力。

2. 打造系列活动,增强教学活动的系统性

教师在进行教学设计时要落实系统理念,充分考虑不同学段的活动与活动之间的环环相扣,根据难易程度,遵循学生的认知规律,遵循整体构建、有序衔接、依次递进的设计思路,采取分层次、分步骤的活动设计策略,由简单议题逐步转入深刻议题,由浅入深,由易到难,构建结构化的教学活动,让学生的能力在参加系列活动的过程中逐步提高,让学生能对某一个话题形成全面认识。更进一步讲,教师要在定位高中阶段的内容目标的基础上,形成大中小学思政课一体化、螺旋式上升的开阔视野。在高中阶段要有意识地开发能够勾连初中、高中、大学的衔接式活动,通过教学有意识地培养学生的批判思维和研究能力,鼓励有基础、有兴趣的同学参与教师的课题。适当开发长周期活动,使教学活动贯穿于课程教学的全过程,改变以往结果导向型的评价模式,着重评价学生解决问题的思路、前期准备、团队配合、表达能力与活动结果,多对学生进行正向反馈,赋予学生持续不断参与活动的动力。以下提供一则案例。

一体化教学活动:"模拟政协"

"模拟政协"全称为"全国青少年模拟政协活动",是一项全国青少年创新实践活动。这项活动以高中生为主体,其核心是通过模拟人民政协的提案形成过程,同时模拟和体验人民政协的组织形式、议事规则以了解和体会中国特色的民主协商政治制度,旨在培养青少年的"四个自信"(中国特色社会主义道路自信、理论自信、制度自信、文化自信),增强"四种意识"(社会主义制度意识、社会责任意识、实践意识和创新意识),提高"四大素质能力"(发现问题、分析问题、解决问题、合作交流的能力)。

高中阶段模拟政协活动设计:假如你是模拟政协小委员,请从"四个新作为"的视角,组队完成一份政协提案。

步骤一:选定界别。A. 共青团界;B. 教育界;C. 新闻出版界;D. 经济界。

步骤二:拟定案由。请草拟本组拟定的提案案由、主题词(1—2 个),要求简明扼要,并形成文献综述。

步骤三:交流发言。小组代表就本组提案案由作交流发言,发言内容应包括选题原因、调研思路、建议依据等。

步骤四:开展社会调查并统计分析调查数据。小组成员分工开展有关提案的社会调查,可

以综合采用多种调查方法,收集统计数据并加以分析,形成图表。

步骤五:形成提案。小组成员集体分工形成提案并进行正式展示,要求制作提案PPT、提案形成过程的视频。展示时间12分钟,视频播放时间3分钟,全体团队成员均要参与展示。

为保证各学段的有序渐进,小学、初中与大学阶段需要与该活动形成系列衔接。

小学阶段:收集人民政协会议和政协委员的活动与成就,以说明其意义为主。

初中阶段:初步引导学生以问卷和访谈的形式,进行问题难度较低的社会调研。

大学阶段:在高中阶段的基础上,进一步围绕提案中的具体问题开展更为科学的专门研究,在合适的专业展开后续研究工作,并通过基层联系点反馈到所在地区的政协机构。

模拟政协活动是非常典型的立足高中思政学科的社会实践类学科活动,其背后依托的是高中生对我国政治制度以及相关社会热点话题的熟悉与理解,其活动的成功开展既有赖于指导教师对议题的合理筛选与精心组织,又建立在小学与初中部分相关活动的基础之上。为此,教师应当在组织活动前,充分调研学生在小学与初中阶段的公共参与情况和能力,这样才能有效地开展教学活动。该活动作为与全过程人民民主单元相关的后续实践类活动,应当基于前期调研的学情,在活动开展前的课堂教学环节中做有针对性的理论补充或强化,保证学生在进入田野之前真正具备基础知识与技能。

3.用好社会资源,推进教学活动与时代要求有机结合

《普通高中思想政治课程标准(2017年版2020年修订)》要求根据经济社会发展新变化、科学技术进步新成果,及时更新教学内容和话语体系,反映新时代中国特色社会主义理论和建设新成就,《义务教育道德与法治课程标准(2022年版)》指出要坚持与时俱进,反映经济社会发展新变化、科学技术进步新成果,更新课程内容,体现课程时代性。因此,教师要提高政治站位,牢牢把握主动权,教学活动的设计要贴合国情、市情、区情。

在单元教学设计上,一方面要挖掘利用好当地的传统文化资源,上海市拥有丰富的红色文化资源,《上海红色文化地图(2021版)》显示,上海现有位置明确的红色文化资源就多达379处,这些红色文化资源都可以开发为教学活动的“第二课堂”,教师可以组织学生在周末参观红色教育基地,或邀请红色教育基地的馆长、讲解员、志愿者等进学校,为学生上一堂别开生面的思政课。另一方面也要将富有时代性的内容引入教学活动中,体现活动内容的时代特色,可以将上海市、杨浦区的政府政策、发展议题等引入教学活动中,组织学生进行讨论、表达想法并提出意见和建议,增强学生的社会责任感,提高学生的政治认同感,引领学生培育和践行社会主义核心价值观。以下提供一则案例。

单元作业设计:“人民城市”之我见

杨浦曾经的“工业锈带”变成了“生活秀带”,人民群众有了更多幸福感和获得感。人民城市人民建,人民城市为人民。在城市建设中,一定要贯彻以人民为中心的发展思想,合理安排

生产、生活、生态空间,努力扩大公共空间,让老百姓有休闲、健身、娱乐的地方,让城市成为老百姓宜业宜居的乐园。

小学学段:结合自身所在社区,选择一个与"人民城市"理念相符的生活案例,进行介绍。

初中学段:联系"人民城市"理念,结合228街坊建设案例,分析该案例是如何贯彻并体现"人民城市"理念的。

高中学段:请结合所学自选角度,谈谈对"以人民为中心"的理解,基于对身边生活的观察,结合相关建设成就与数据,分析上海在建设"人民城市"方面的成果与不足。

这一单元作业设计有意识地将杨浦的建设案例作为探究对象,针对不同学段的学生能力特点实现了难度的逐级提升,高中生群体在进行更为广泛和深入的社会调研活动时,将会面临更为复杂的情境,处理更具挑战性的任务,从而实现学科核心素养的提升,提高解决问题的能力,具备更强的批判性思维本领。

(三)如何实现基于单元情境的"教学评"一致

1. 转社会议题为评价任务

为了更好地与现有高中学业水平考试衔接,进一步促进"教学评"一致原则在课堂教学过程中落实,教师,尤其是高三年级教师需要在已有的单元教学设计基础上,进一步明确并细化课堂中的学科任务,使之与纸笔测试中的学科任务在性质与功能上保持一致。对于常见的教学活动中抒发感想或者头脑风暴式的任务,应酌情减少其出现的频率,转而强化对文本材料的阅读与理解,并在此基础上设计有针对性的学科任务,引导学生能够以较为清晰的路径分析并解决相关问题。以下提供一则案例。

教学设计:扩大制度型开放 中国走出加速度

环节一:什么是制度型开放?

教师活动:通过"制度型开放"相关时政导入复习课主题,激发学生学习兴趣。通过展示制度型开放的内涵,引导学生结合历史唯物主义的观点思考,理解制度型开放的本质。

环节二:为什么需要推进制度型开放?

教师活动:通过提问"为什么要从商品、要素型对外开放走向制度型开放",运用现实情境引发学生思考,理论联系实际,分析我国推进制度型开放的现实必要性,培育学生运用辩证思维观察、分析问题。通过构建学科大概念,培育学生综合思维。

环节三:如何持续推进制度型开放?

教师活动:通过展示各地为推进制度型开放所采取的具体措施,引导学生思考每一项开放举措体现了哪些科学方法并说明理由。引导学生学会运用"七大思维"研究新情况、解决新问题,解放思想、实事求是、与时俱进、求真务实,提升科学思维能力。

环节四:综合以上探究内容形成论述报告。

这一案例中,教师以我国制度型开放为情境背景,结合具体时政内容,设计了完整的问题链条,即从定义是什么到分析其价值再到如何进一步促进发展。更重要的是,其中设计的学科任务与课堂活动都依托于对应的具体文本,通过有针对性、半开放式的问题设置,引导学生主动且准确地分析并回答问题,思维过程与纸笔测试的特点保持一致,有利于教师对学生的思维质量做出更为准确的评价。

2. 化课堂议题为纸笔测试

为进一步巩固课堂教学成果,教师可以借助纸笔作业的方式将课堂议题进一步改造为纸笔测试,从而进一步巩固学生的课堂学习成果,同时以终结性评价的方式对课堂教学成果进行补充评价。以下提供一则案例。

作业设计:基于制度型开放议题教学设计的作业设计

党的二十届三中全会通过的《中共中央关于进一步全面深化改革 推进中国式现代化的决定》(以下简称《决定》)提出"完善高水平对外开放体制机制",并把"稳步扩大制度型开放"作为一项重要内容进行部署。《决定》提出"建立同国际通行规则衔接的合规机制""完善参与全球安全治理机制""建设全球文明倡议践行机制",充分体现了将全球发展倡议、全球安全倡议、全球文明倡议进一步制度化的特点。

国务院日前印发了《关于在有条件的自由贸易试验区和自由贸易港试点对接国际高标准推进制度型开放的若干措施》,提出 33 条具体试点措施,深化国内相关领域改革。截至目前,国家层面共向全国推广了 349 项自贸试验区制度创新成果。中国正积极扩大面向全球的高标准自贸区网络,主动对接国际高标准经贸规则。2024 年,中国—东盟自贸区 3.0 版和中国—秘鲁自贸协定升级谈判完成,分别纳入数字经济、绿色经济、供应链等新兴领域规则,将推动形成新的合作增长点。同时,推动金砖国家、亚洲基础设施投资银行等新兴国际经济组织的合作机制创新,增强新兴经济体在全球事务中的话语权。

1. 为适应新形势,对外开放要由商品和要素流动型向制度型转变,必须加快完善相关法律法规和各类标准,主动对接国际高标准规则。其本质是(单选)

A. 用市场化、法治化手段推进开放 B. 调整、完善生产关系和上层建筑

C. 形成公平公正的全球统一大市场 D. 构建起更加合理的对外开放体系

2. 我国过去以商品和要素流动为主的开放模式,存在资源配置效率低下、发展后劲乏力等问题。习近平总书记指出,完善中国特色社会主义制度是一个动态过程,需要不断健全已有制度、填补制度空白。我国推进制度型开放的必要性体现在(多选)

A. 变革当今多极化趋势、以开放促改革

B. 主动参与国际规则制定、以开放促创新

C. 赋能经济高质量发展、以开放促发展

D. 主动应对全球经济挑战、以开放促和平

3. 党的二十届三中全会强调中国式现代化是在改革开放中不断推进的,也必将在改革开放中开辟广阔前景。由此可知(单选)

A. 没有中国的对外开放,就没有中国式现代化

B. 有了中国的对外开放,就一定能实现现代化

C. 未实现中国式现代化,说明中国未对外开放

4. 习近平外交思想实践运用的重要路径之一,就是将科学的思想理念与方法转化为具体的制度规范,更为直接、有针对性地指导具体的对外工作。以下各地稳步扩大制度型开放的举措中,与其所用科学方法相匹配的是(多选)

A. 成都统筹考虑开放与安全,保障产业链和供应链的安全性与可靠性——历史思维

B. 杭州在跨境电商领域先行先试,为各地在该领域扩大开放提供经验——辩证思维

C. 上海优化自贸区金融账户规则,推动资金境内外依法有序自由流动——创新思维

D. 昆明积极对接 RCEP 规则完善贸易政策,建设区域性国际经贸中心——战略思维

5. 综合所学,从党的领导优势和对外开放的角度,论述我国必须稳步扩大制度型开放。

要求:

(1)综合运用所学,概括我国积极推进制度型开放的做法和意义;

(2)理论论证中论题、总论点、分论点内在逻辑一致,论述逻辑较准确、连贯、完整;

(3)概括地引用本题组材料进行事实论证,以充分支持分论点;

(4)准确使用思想政治学科术语;

(5)建议论述篇幅限制在 400 字左右。

这一组作业设计从内容上可以被视为课堂议题的延伸,从功能上可以进一步巩固学生的学习成果,使之更自觉地将课堂上的任务与纸笔作业中的任务进行比较与切换,更好地理解课堂学习活动对自己纸笔测试表现提升的积极影响,并在之后以更加积极主动的态度与方法在课堂上参与教学活动。

三、单元教学案例

(一)案例

人民城市人民建——高三单元复习教学设计

1. 单元教学目标

"人民城市人民建,人民城市为人民",2019 年,习近平总书记在考察上海时提出"人民城市"重要理念。这一理念的提出与贯彻执行,真正回答了城市建设与发展为了谁、又依靠谁的根本问题。

通过本单元的教学,引导学生理解人民城市的深刻内涵,能够运用辩证唯物主义与历史唯

物主义揭示"以人民为中心"的发展理念渗透在我国经济、政治、文化等各个方面的发展过程中,明白人民城市建设要在党的领导下,运用各种政策和方式,充分发挥人民群众的历史主体地位,从而培养学生的政治认同感和公共参与感。

2.单元内容分析

人民是城市建设的主体,也是城市建设成果的共享者。党的十八大以来,习近平同志为核心的党中央不断加强党对城市工作的领导,坚持人民城市为人民的理念,走出了一条中国特色城市发展道路。

本单元则立足人民城市的内涵,围绕"经济高质量发展""历史建筑保护""数字律所"和"法润滨江"主题,探究"为什么发展必须以人民为中心""我们怎样当家作主"等议题并展开学习。

3.单元教学重难点

(1)单元教学重点:坚持中国共产党的领导,发展全过程人民民主,追求高质量发展,实现全体人民共同富裕。

(2)单元教学难点:理解在人民城市建设过程中包括党、政府、企业在内的各类主体如何共同助力以人民为中心的发展。发展辩证思维能力。

4.单元课时设计

课标议题	课时主题	单元活动设计
"为什么发展必须以人民为中心""我们怎样当家作主"	课时1:人民城市人民建 ——"活"起来的杨浦滨江历史建筑	活动一:1.学生思维导图设计与展示 2.学生评分与点评作业 3.修改文字稿,形成范文
	课时2:人民城市人民建 ——擦亮经济发展新名片的杨浦答卷	活动二:1.学生思维导图设计与展示 2.学生评分与点评作业 3.修改文字稿,形成范文
	课时3:人民城市人民建 ——依托"数字律所"打造全时、全景、全新的"法润滨江"法治文化空间	活动三:教师组织学生围绕"人民城市人民建",综合所学内容,探究如何发挥合力优势共同打造人民满意的城市

5.单元作业设计

单元学习材料	作业内容
时政材料	知识梳理
经典题目汇总	(个性化作业)选择综合训练
历年真题、模考题	出题思路、解题思路讲解

6. 课时教学设计(部分)

活动内容	教　师　活　动	学生活动	设计意图
总议题：人民城市人民建——"活"起来的杨浦滨江历史建筑			
课程导入	教师展示图片,并提问1:同学们知道这是哪里吗? 导语1:"绿之丘"钢铁丛林中让人眼前一亮的一抹绿,层叠布满绿植的多层立体广场 教师提问2:它的前身是什么? 导语2:杨浦滨江原烟草机修仓库,其自落成以来,一直承担着仓储功能。大量近代工业的遗存被时光"留"在了滨江。而"历史"未被尘封,反而分外鲜活。上海市委、市政府出台浦江岸线公共空间贯通计划,杨浦滨江沿线(展示滨江沿线图片)诸如烟草仓库、祥泰木行、当年"远东最大制皂厂"、曾经的国棉十七厂等,这些建筑都进入了发展新进程	学生互动回答	由"绿之丘"的今昔对比作为切入口,引出下文
环节一 什么是"活"起来的建筑?	布置跨学科任务：阅读散文 请总结:"活"起来的建筑有什么特点? 总结:"活"起来的建筑,指的是建筑在不同历史时期的功能变化,反映社会、经济、文化的变迁。这是一种动态适应性,可让建筑继续服务现代社会,保持其生命力 同学们在概括其特点的过程中,已经在运用联系、发展、全面的观点看待和思考滨江建筑的发生、发展过程。不仅看到它的过去,还看到当下和未来。动态性地看问题,把握其发展的规律。体现了思维的动态性。而"绿之丘"只是滨江建筑的一隅,还有上海制皂厂、人民城市建设规划展示馆等,正是每栋建筑都具有此特点才共同赋予杨浦滨江建筑"活"的内涵。我们要综合起来,整体性地思考问题,这体现了思维的整体性	学生思考并回答	1. 引导同学了解杨浦滨江建筑转变历史 2. 引导学生思考什么是"活"起来的建筑,以训练归纳概括能力
环节二 为什么要"活"起来?	阅读背景资料: 思考:为什么上海杨浦烟草机修仓库"不全拆",而是要"改"?请结合材料,运用主次矛盾的知识点进行分析 (1) 主要矛盾:文化效益 承载着杨浦百年工业的文化历程;可盘活工业建筑、保护工业遗产,具有不可替代性 (2) 次要矛盾:① 经济效益;② 生态效益;③ 政治效益 迎合减量发展的大背景,保留它并进行改造,成本较低 本质上我们分析其主次矛盾的优劣势,综合全盘考虑,发现其在文化层面的不可替代性,这使我们不能全盘拆除它而是改造它。这个过程中,同学们已能运用分析和综合的辩证思维方式来思考问题 小结:改的实质是要让建筑"活"起来。因为建筑作为文化载体,具有引领风尚、教育人民、服务社会、推动发展的作用,"活"起来的建筑将提升城市的整体形象和生活质量,增强城市的全球竞争力	学生思考并回答	1. 引发同学们思考建筑对城市发展的重要意义 2. 训练学生的辩证思维能力

活动内容	教 师 活 动	学生活动	设计意图
环节三 如何"活"起来？	深入剖析杨浦绿之丘的转型案例： 1. 原烟草机修仓库是如何"改"成如今的"绿之丘"的呢？请从辩证思维和创新思维的角度,分析其成功的经验做法 （见下表） 2. 归纳绿之丘人流量不大的原因,并从人大代表和政府的职能分析如何解决这一问题？ （见下表）	各小组代表发言,分享讨论结果	剖析绿之丘转型案例,引导学生找到问题和对应措施,以训练学生的归纳概括能力。并思考背后运用的思维方式。引导学生分析因果和归纳本质的能力 完善城市建设需要人人参与,发挥合力优势,才能共建美好滨江
课堂小结	总结本课,对"如何让杨浦滨江建筑'活'起来——以'绿之丘为例'"进行框架建构,明确人人参与、形成合力,在学中做、在做中学。在实践中不断摸索、调整、完善,是人民城市人民建的核心要义	学生听讲	帮助学生搭建框架,助力学生迁移和运用 关注杨浦滨江的建设

环节三第1题表格：

痛点	化 解 方 案	思维方式
体量大的问题	设计师们将原先体量削除50%,只保留了骨架	辩证思维： ① 适度原则 ② 辩证否定
面宽进深都比较大,内部昏暗无光	架空底层、顶部削掉、中间掏出中庭,借巨大的双螺旋楼梯连接各层功能空间。后面加一个绿坡,再将两边做成层叠丘陵结构,让整体通透又绿色	创新思维： ① 联想思维 ② 发散思维 聚合思维 ③ 逆向思维
造成视觉阻碍位置跟滨江市政道路冲突	退台式弱化处理,北侧增加绿色人行坡道,形成山丘形体,借此连接城市与滨江空间将仓库的一二层打通,以满足市政道路的净高和宽度要求,并同时设计公交站点,将公共交通与滨江步道连接起来	

环节三第2题表格：

结果	原 因	(1) 人大代表 (2) 政府部门	解决措施
人流量还是不大	内容填充与商业配套没做到位		
	艺术业态的选择与融合没做到位		
	业态激活与社区联结没做到位		

（二）评述与建议

该单元教学设计从内容上契合了"人民城市"重要理念中有关生态建设、文化建设、城市治理等多个方面的重要内容,使用"以人民为中心"的发展理念对教材单元进行统合,展现了杨浦滨江的建设成就,并且针对高三复习课的性质,强化了"教学评"一致的教学设计,课堂内所有活动与任务都注重引导学生围绕案例与文本进行了有针对性的探究式学习,且思维过程贴近纸笔测试特点,为评价学习成果提供了更加充足的依据。

通过上述案例,我们明确了高中思政学科在进行单元教学设计时从内容到形式需要解决的重点问题。从内容上,教师应积极贯彻习近平新时代中国特色社会主义思想"三进"工作,结合本区域特色(如上述案例中的人民城市建设)充分挖掘相关理论与实践成果,不断彰显思政课立德树人的学科性质,强化学生对中国特色社会主义道路的政治认同;从形式上,教师应当始终秉持大中小学思政一体化建设的意识,在进行单元教学设计时有意识地根据学情与初中以及大学学段的关联内容进行衔接,确保学科核心观点以螺旋上升的路径不断深入学生的认识。教师还应始终坚持"教学评"一致的原则,避免课堂教学与纸笔评价之间的割裂,以合理的任务和活动提升学生的核心素养,并以此确保后续教学评价的准确度。

第二章 促进学生核心素养培育的学科教学建议（高中历史）

上海市杨浦区教育学院　叶朝良

《普通高中历史课程标准（2017 年版 2020 年修订）》认为：“历史学是在一定历史观指导下叙述和阐述人类历史进程及其规律的学科……历史学是人类文化的重要组成部分，在传承人类文明的共同遗产、提高公民文化素质等方面起着不可替代的重要作用。中学历史课程承载着历史学的教育功能……学生通过高中历史课程的学习，进一步拓宽历史视野，发展历史思维，提高历史学科核心素养，能够从历史发展的角度理解并认同社会主义核心价值观和中华优秀传统文化，认识并弘扬以爱国主义为核心的民族精神和以改革创新为核心的时代精神，具有广阔的国际视野，树立正确的世界观、人生观、价值观和历史观，为未来的学习、工作与生活打下基础。”①

《普通高中历史课程标准（2017 年版 2020 年修订）》还认为：“历史学科核心素养包括唯物史观、时空观念、史料实证、历史解释、家国情怀五个方面。”②所以，高中历史学科“课程结构的设计、课程内容的选择、课程的实施等，都要始终贯彻发展学生历史学科核心素养这一任务。”③

在“双新”背景下，历史学科教学必须转变教学方法，优化评价方式。通过单元教学整合知识，形成系统化的知识体系，能够更好地培养学生的学科核心素养，提升教学质量。

一、单元教学关键问题分析

（一）问题的提出

1. 素养培养导向的转型问题

随着教育理念的不断更新，学科教学从传统的知识传授模式向素养培养模式转型。在历史学科中，这一转型要求教师不仅要教授学生历史知识，更要注重培养学生的学科核心素养。然而，这种转型并非一蹴而就，教师在教学实践中面临着诸多挑战。一方面，教师需要重新审视教学目标，从单纯的知识点覆盖转向培养学生的历史思维、审辨式思维和价值观念。这要求教师具备更高的专业素养和教学能力，能够设计出符合素养导向的教学活动。另一方面，教学资源的整合与开发也需要适应这一转型需求。传统的教材和教学资料往往侧重于知识的系统性，而在素养培养导向下，教师需要寻找更多能够激发学生兴趣、培养其实践能力和创新精神的资源，并将其有机融入教学过程中。

---

① 教育部.普通高中历史课程标准（2017 年版 2020 年修订）[M].北京：人民教育出版社，2020：1.
② 教育部.普通高中历史课程标准（2017 年版 2020 年修订）[M].北京：人民教育出版社，2020：4.
③ 教育部.普通高中历史课程标准（2017 年版 2020 年修订）[M].北京：人民教育出版社，2020：2.

2. 单元教学实施的策略问题

单元教学是历史教学中一种重要的组织形式,它能够帮助学生系统地学习历史知识,构建知识体系。然而,在单元教学实施过程中,教师面临着诸多策略问题。首先,单元教学目标的设定需要更加明确和具体。教师要考虑将知识、技能、思维、情感等素养目标有机融入其中。其次,教学内容的整合与组织是单元教学的关键。历史学科内容丰富,知识点繁杂,教师需要根据单元主题对教学内容进行梳理和整合,突出重点和难点。最后,教学方法的选择也至关重要。传统的讲授法在单元教学中仍然有其价值,但教师还需要结合小组讨论、角色扮演、项目式学习等多样化的教学方法,激发学生的学习兴趣和主动性。

3. 教学与评价的脱节问题

中学历史学科教学中,长期存在教学与评价的脱节问题,尤其是注重培养学生的历史核心素养以后,教学从知识导向转变为素养导向,对于高中教师来说,恰当地把握评价的标准变得更困难了,反过来,这也影响了教学效果。

杨浦区高中历史学科把"教—学—评一致性"作为本阶段教学的关键问题,除了基于以上分析的现状之外,还基于以下理由:杨浦区的国家级示范区建设需要积极参与教育部的深度学习项目,实现"教—学—评"的一致性,是深度学习的一个重要抓手。正如《深度学习:走向核心素养(理论普及读本)》一书中说到的:"在课堂教学中,教师通过提高学习设计的规范性和系统性,增强学习过程的体验性、互动性和生成性,实现'教—学—评'的一致性,以此更好地发展学生的核心素养,提升学科课程的育人品质。"①

(二) 问题的价值

开展"教—学—评一致性"的研究和教学实践,可以深化教师对素养导向教学的理解,明确教师课堂教学的目的性,提高教师的教学水平;可以使学生更准确地掌握课堂教学的精髓,更有效地得到检测,进而提升历史核心素养。

1. 提升学生素养

通过"教—学—评一致性"的教学实践,学生能够更准确地把握课堂教学的核心内容。在传统教学模式下,学生往往难以明确学习目标,导致学习方向模糊。而"一致性"教学能够使教学目标贯穿于教学、学习和评价的全过程,学生在明确的目标指引下,能够更有针对性地学习历史知识,掌握重要的历史事件、人物、制度等基础知识,同时提升分析历史问题、运用历史知识解决实际问题的能力。

"教—学—评一致性"的教学实践能够为学生培养核心素养提供有力支持。在教学过程中,教师可以根据核心素养的要求设计教学活动,学生在参与这些活动的过程中,能够逐步培养唯物史观、时空观念、史料实证、历史解释和家国情怀等素养。通过这种一致性教学,学生能

---

① 刘月霞,郭华.深度学习:走向核心素养(理论普及读本)[M].北京:教育科学出版社,2018:72.

够在历史学习中形成审辨式思维、创新思维等重要素养,为其终身学习和全面发展奠定坚实基础。

当教学、学习和评价紧密相连时,学生能够更清晰地看到自己的学习成果和进步,从而增强学习动力和自信心。在传统教学中,学生可能在学习后不知道自己的学习效果如何,缺乏及时的反馈和激励。而在"一致性"教学模式下,评价贯穿于整个学习过程,学生可以通过课堂表现、作业、小组讨论等多种方式获得及时反馈。这种及时的反馈能够让学生感受到自己的进步,激发他们继续努力学习的积极性,增强学习的自信心。

2.提高教师教学能力

开展"教—学—评一致性"的研究和教学实践,能够帮助教师更清晰地明确课堂教学的目标和方向。在传统教学中,教师可能更多地关注知识的传授,而忽视了素养培养等其他教学目标。通过"一致性"教学,教师需要从教学设计阶段开始思考如何将教学目标贯穿于教学、学习和评价的全过程。这种目标导向的教学设计能够使教师的教学更加有的放矢,提高教学效率。

"教—学—评一致性"的教学实践要求教师具备更高的教学设计与实施能力。教师需要根据教学目标设计多样化的教学活动,同时还要考虑如何在教学过程中进行有效评价。这种教学实践能够促使教师不断提升自己的教学设计与实施能力,更好地适应素养导向的教学要求。

"教—学—评一致性"的教学实践为教师提供了丰富的专业成长机会。在教学过程中,教师需要不断反思自己的教学设计、教学方法和评价方式是否能够有效促进学生的学习和素养提升。

二、单元教学关键问题解决

根据崔允漷等人的意见,可以总结出"教—学—评一致性"的含义:第一,清晰的目标是"教—学—评一致性"的前提和灵魂。第二,"教—学—评一致性"主要针对教师的课堂教学,而与考试院命题专家的命题无关。第三,"教—学—评一致性"应指向有效教学。第四,"教—学—评一致性"的实现取决于教师的课程素养与评价素养。[①]

崔允漷教授等人从理论上提出了"教—学—评一致性三因素理论模型的建构",包括三个方面,即学—教一致性、教—评一致性、评—学一致性,或者说"所学即所教""所教即所评""所学即所评"。[②]

杨浦区高中历史学科教学中所用的途径和方法主要集中于"教—评一致性",即"所教即所评"。主要是通过评价先行、以评定教的方法,推进课堂教学中教师授课与对学生评价的一致性。

通过"教—评一致性"的教育教学实践,可在一定程度上加快素养培养导向的转型,并解决

---

① 崔允漷,夏雪梅."教—学—评一致性":意义与含义[J].中小学管理,2013(1):6.
② 崔允漷,雷浩.教—学—评一致性三因素理论模型的建构[J].华东师范大学学报(教育科学版),2015,33(4):15-22.

单元教学实施的策略问题,以及传统教学中教学与评价的脱节问题。

(一)加快素养培养导向转型

1. 转变教学观念,明确素养培养目标

在传统教学中,教师往往以知识传授为核心,注重学生对历史事件、年代、人物等知识的识记。然而,"教—学—评一致性"实践要求教师转变教学观念,将素养培养作为教学的核心目标。教师需要从知识导向转向素养导向,关注学生在历史学习过程中思维能力、价值观念和综合素养的提升。

以"中国古代的民族关系与对外交往"①的教学为例,教师在教学中不再仅仅关注学生对历史事件和人物的识记,而是注重培养学生的唯物史观、时空观念和历史解释等素养。例如,在学习"大一统观念下的天下版图"时,教师通过比较春秋和战国两个时期的形势变化,引导学生从历史地图和原始史料中提取信息,分析"大一统"观念的初现和统一多民族国家的孕育。这种教学方式不仅帮助学生掌握知识,还培养了学生的历史思维能力和素养。

在课堂上,教师提问:"春秋和战国两个时期的形势图发生了哪些变化?哪些因素导致了这些变化?"学生通过观察历史地图,结合史料分析,得出结论:春秋时期诸侯争霸,战国时期逐渐走向统一。这一过程中,华夏认同逐渐形成,为统一多民族国家的孕育奠定了基础。教师在学生回答后进行点评,不仅关注答案的正确性,还关注学生分析问题的过程和方法。

以"近代西方的法律与教化"②的教学为例,教师并未局限于让学生简单记忆西方法律制度的发展历程、重要法律文件等知识要点,而是将教学目标聚焦于培养学生的时空观念、史料实证、历史解释等关键素养。在"近代西方法律制度的渊源——罗马法"这一教学环节中,教师通过案例判决结果对比,引导学生探究罗马法的发展演变,理解其作为西方法律渊源的重要性。这种教学方式促使学生从单纯的知识接受者转变为积极的思考者和探究者,他们需要运用所学知识分析案例,从不同角度思考罗马法在不同历史时期的变化及其背后的社会、经济因素,从而提高了学生的历史思维能力,推动了历史核心素养的培养。

这种教学方式体现了"教—学—评一致性"的理念。教师通过设计具有挑战性的问题,引导学生主动思考和分析问题,培养学生的素养。同时,教师在课堂上的即时评价能够及时反馈学生的学习情况,帮助学生调整学习方法,进一步提升素养。

2. 优化教学方法,促进学生主动学习

为了实现素养培养导向的转型,"教—学—评一致性"实践要求教师优化教学方法,激发学生的学习兴趣和主动性。教师需要从传统的讲授式教学转向多样化的教学方法,如项目式学

---

① 选自同济大学第一附属中学陈文婷老师执教高中历史选择性必修 1 第四单元"民族关系与国家关系"第 11 课"中国古代的民族关系与对外交往"的案例,后面简称为:陈文婷"中国古代的民族关系与对外交往"。

② 选自上海财经大学附属中学邓舒婷老师执教高中历史选择性必修 1 第三单元"法律与教化"第 9 课"近代西方的法律与教化"的案例,后面简称为:邓舒婷"近代西方的法律与教化"。

习、情境教学、小组合作学习等,让学生在实践中学习历史知识,培养历史素养。

在"近代以来中国的官员选拔与管理"①的教学中,教师采用了多样化的教学方法,如情境教学和小组合作学习。例如,在"评阅晚清政府的答卷,撰写评语"活动中,教师将学生分成小组,每个小组负责介绍晚清政府的选官制度改革,并对其成败进行讨论和评价。这种教学方法不仅激发了学生的学习兴趣,还培养了学生的合作能力和历史解释能力。

在课堂上,教师组织学生进行小组讨论,讨论主题为"晚清政府选官制度改革的成效"。学生在讨论中结合教材和教师提供的史料,从不同角度分析晚清政府选官制度改革的背景、内容和影响。例如,有学生指出:"晚清政府废除科举制度,推行学堂选官,这一改革适应了时代发展的需要,为培养新式人才提供了机会。"教师在学生讨论结束后进行总结,指出晚清选官制度改革虽然取得了一定成效,但也存在诸多问题,如改革不彻底、社会阻力大等。

在"中国古代的民族关系与对外交往"②的教学中,教师设计了一系列与本课内容相关的项目任务,让学生在完成项目的过程中深入探究历史问题。例如,教师布置一个项目任务:"设计一个关于中国古代民族关系与对外交往的微展览。"学生需要围绕这一主题,自主收集资料、分析史料,并设计展览的板块和内容。在这个过程中,学生需要运用历史地图、时间轴等工具梳理历史事件,分析各朝代的民族政策和对外交往特征,同时还需要考虑如何将这些内容以直观、生动的方式展示给观众。通过这样的项目式学习,学生不仅能够深入理解历史知识,还能培养自身的自主学习能力、团队合作能力和创新思维。

这种教学方法体现了"教—学—评一致性"的理念。教师通过设计多样化的教学活动,激发学生的学习兴趣和主动性,培养学生的素养,帮助学生改进学习方法,提升学习效果。

3. 整合教学内容,构建素养培养体系

"教—学—评一致性"实践要求教师整合教学内容,构建以素养培养为核心的教学体系。教师需要将历史知识与素养培养目标有机结合,设计系统化的教学内容和评价任务,帮助学生在学习过程中逐步提升素养。

在"近代西方的法律与教化"③的教学中,教师将教学内容整合为几个主题,如"近代西方法律制度的渊源——罗马法""近代西方法律制度的形成与发展""近代西方法律的基本特征""基督教的伦理与教化"等。在每个主题的教学中,教师通过设计问题和活动,引导学生从不同角度分析历史事件和现象,培养学生的唯物史观、时空观念和历史解释素养。同时,教师通过设计综合性的评价任务,如撰写历史小论文、制作历史纪录片等,考查学生对不同主题知识的综合运用能力和素养水平。

---

① 选自上海财经大学附属中学罗洛宜老师执教高中历史选择性必修1第二单元"官员的选拔与管理"第7课"近代以来中国的官员选拔与管理"的案例,后面简称为:罗洛宜"近代以来中国的官员选拔与管理"。
② 该案例选自陈文婷"中国古代的民族关系与对外交往"。
③ 该案例选自邓舒婷"近代西方的法律与教化"。

在学习"近代西方法律制度的形成与发展"时,教师通过时间轴,梳理西方近代法律发展脉络。学生在课堂上结合教材和教师提供的史料,分析英国和法国分别发展出的两大法系——英美法系和大陆法系。例如,有学生指出:"英国的普通法体系强调判例法,而法国的大陆法系则以成文法为主。"教师在学生回答后进行点评,指出这两种法系的形成与各自的历史背景和社会需求密切相关。

在"近代以来中国的官员选拔与管理"①的教学中,有关"评阅民国时期的答卷,撰写评语"活动的教学设计,教师通过补充朱峙三的仕途经历和国民政府考试院公文材料,引导学生从多个角度分析民国时期选官制度的现代性与局限性。这种系统化的教学内容设计方法,通过将晚清、民国和新中国三个时期的选官制度纳入同一评价体系,教师引导学生从不同角度分析各个时期的选官制度。这样的教学内容设计方法,帮助学生建立起对近代以来中国官员选拔与管理制度演变的整体认识,提升了学生的历史解释素养。

在以上案例中,教师通过整合教学内容,构建系统化的教学体系,帮助学生在学习过程中逐步提升素养。同时,教师通过综合性的评价任务,全面考查学生的学习成果和素养水平,及时发现问题并调整教学策略,进一步提升教学效果。

(二)提供单元教学实施的策略

1.明确单元教学目标,设计教学活动

"教—学—评一致性"实践要求教师在单元教学实施前明确教学目标,并根据目标设计教学活动。明确的教学目标能够帮助教师更好地组织教学内容,设计有效的教学活动,同时也为评价提供了依据。

在"中国古代的民族关系与对外交往"②的教学中,教师在单元教学目标中明确指出:"通过比较春秋和战国两个时期的形势变化,认识'大一统'观念的初现和统一多民族国家的孕育。"为了实现这一目标,教师设计了多种教学活动,如比较历史地图、分析原始史料等。这些活动不仅帮助学生掌握知识,还培养了学生的时空观念和历史解释等素养。

在课堂上,教师通过展示春秋和战国两个时期的形势图,引导学生观察地图中的变化。学生通过比较发现,春秋时期诸侯争霸,战国时期逐渐走向统一。教师进一步提问:"哪些因素导致了这些变化?"学生结合教材和史料,分析得出:春秋时期列国纷争,人口流动频繁,促进了华夏认同的形成;战国时期各国变法,加强中央集权,为统一的多民族国家的孕育奠定了基础。教师在学生回答后进行总结,指出"大一统"观念的形成是历史发展的必然趋势。

在"近代西方的法律与教化"③的教学中,教师设置如下一些单元教学目标,并通过教学活动去实现。

---

① 该案例选自罗洛宜"近代以来中国的官员选拔与管理"。
② 该案例选自陈文婷"中国古代的民族关系与对外交往"。
③ 该案例选自邓舒婷"近代西方的法律与教化"。

教学目标(部分):"能够分析基督教伦理对西方社会发展进程的影响""通过案例分析、史料解读等活动,提高运用历史唯物主义观点分析问题的能力;通过小组讨论和课堂展示,提高合作学习能力和历史思维能力""通过对西方法律与教化发展历程的了解,树立法治意识和文化包容意识;通过对不同历史时期法律与教化关系的探讨,培养历史责任感和使命感。"

教师通过展示欧洲中世纪庄园生活的图片和文字史料,创设中世纪欧洲社会的生活情境。学生扮演庄园中的居民,讨论基督教伦理对日常生活的影响。学生分组进行角色扮演,模拟庄园中的宗教仪式和法庭审判,体验基督教伦理与法律的结合。教师引导学生分析基督教伦理在社会治理中的作用,讨论其对社会秩序和文化发展的影响。这样,通过情境模拟和角色扮演,学生能够更深入地理解基督教伦理在中世纪欧洲社会中的作用,培养学生的文化包容意识和历史责任感。

因此,明确的教学目标能够帮助教师更好地组织教学内容,设计有效的教学活动。通过多样化的教学活动,学生能够更全面地掌握历史知识,提高历史技能和思维。

2. 合理组织教学内容,突出重点和难点

在单元教学中,"教—学—评一致性"实践要求教师合理组织教学内容,突出重点和难点。教师需要根据教学目标和学生的实际情况,对教学内容进行筛选和整合,确保教学内容的重点突出、难点突破。

在"中国古代的民族关系与对外交往"①的教学中,教师明确了教学重点为"中国古代多元一体民族格局的形成",教学难点为"理解民族关系与国家关系必须适应国情和时代发展的需要"。教师通过多种教学方法,如案例分析、史料解读、小组讨论等,突出教学重点内容。例如,在"大交融基础上的中华民族"这一部分,教师通过史料分析,引导学生理解民族交融已成历史潮流。教师还通过创设情境、案例分析、小组讨论等方式,帮助学生突破教学难点。例如,在"大和合理念下的协和万邦"这一部分,教师通过对《礼宾图》与《万国来朝图》的分析,引导学生理解中国古代对外交往的基本模式及其特征。这种教学设计帮助学生理解了复杂的历史概念,培养了学生的审辨式思维和历史解释素养。

在"近代以来中国的官员选拔与管理"②的教学中,教师将教学内容整合为几个主题,如"晚清政府的选官制度改革""民国时期的选官制度""中华人民共和国的干部制度和公务员制度"等。在每个主题的教学中,教师通过设计问题和活动,引导学生从不同角度分析历史事件和现象,突出重点和难点。例如,在学习"晚清政府的选官制度改革"时,教师通过展示史料和案例,引导学生分析晚清选官制度改革的背景、内容和影响。

在课堂上,教师通过展示《退想斋日记》《朱峙三日记》等史料,引导学生分析晚清选官制度

---

① 该案例选自陈文婷"中国古代的民族关系与对外交往"。
② 该案例选自罗洛宜"近代以来中国的官员选拔与管理"。

改革的背景。学生通过阅读史料,发现晚清政府废除科举制度,推行学堂选官,这一改革适应了时代发展的需要,为培养新式人才提供了机会。然而,这一改革也存在诸多问题,如改革不彻底、社会阻力大等。教师在学生讨论结束后进行总结,指出晚清选官制度改革虽然取得了一定成效,但也存在诸多局限性。

在以上案例中,教师合理组织教学内容,突出重点和难点,能够帮助学生更好地理解和掌握知识。通过设计问题和活动,教师能够引导学生深入分析历史事件和现象,突破难点,提升学习效果。

3. 灵活运用教学方法,激发学生学习兴趣

"教—学—评一致性"实践要求教师在单元教学中灵活运用教学方法,激发学生的学习兴趣。教师需要根据教学内容和学生的实际情况,选择合适的教学方法,如情境教学、项目式学习、小组合作学习等,让学生在多样化的学习环境中提升学习效果。

在"近代西方的法律与教化"①的教学中,教师通过创设多个情境,引导学生深入理解历史事件和现象。如在课程导入环节,由现实情境引入,通过出示西方结婚典礼誓词,引出法律与宗教对世俗婚姻的共同约束,进而提问学生对这一现象的看法。这种从现实情境出发的导入方式,能够迅速吸引学生的注意力,激发他们的学习兴趣,使学生认识到历史与现实生活的紧密联系。

同样,在"近代西方的法律与教化"的教学中,教师采用了多样化的教学方法,如情境教学和案例分析。例如,在学习"近代西方法律制度的特征"时,教师通过在课堂上展示辛普森案的案例,引导学生分析近代西方法律制度的基本特征。学生通过阅读案例和相关史料,发现近代西方法律制度注重保障人权,包括生命权、自由权和财产权等。同时,学生还发现近代西方法律制度在司法实践过程中坚持正当程序和无罪推定原则。教师在学生讨论结束后进行总结,指出近代西方法律制度虽然具有进步性,但也存在局限性,如金钱对司法公正的影响等。这种教学方法不仅激发了学生的学习兴趣,还培养了学生的史料实证和历史解释等素养。

灵活运用教学方法能够激发学生的学习兴趣,提升学习效果。通过案例分析和情境教学,学生能够更直观地理解历史事件和现象,培养史料实证和历史解释能力。

(三)解决教学与评价的脱节问题

1. 构建素养导向的评价体系

"教—学—评一致性"实践要求教师构建素养导向的评价体系,以解决传统教学中教学与评价脱节的问题。教师需要从传统的知识评价转向素养评价,关注学生在历史学习过程中思维能力、价值观念和综合素养的提升。

---

① 该案例选自邓舒婷"近代西方的法律与教化"。

在"近代以来中国的官员选拔与管理"①的教学中,教师设计"评阅中华人民共和国的答卷,撰写评语"活动,通过学生的项目成果,评价学生对中华人民共和国干部制度和公务员制度的理解和分析能力。学生需要通过查阅资料、分析案例、撰写报告等方式,深入探究中华人民共和国干部制度和公务员制度的特点。教师通过学生的项目成果,了解学生在项目实施过程中的合作能力、探究能力和创新思维。

在"中国古代的民族关系与对外交往"②教学中,教师构建了素养导向的评价体系。例如,在评价学生的历史解释能力时,教师不仅关注学生的答案是否与标准答案一致,还关注学生的解释是否具有逻辑性、是否能够运用史料进行论证等。这种评价方式能够更好地考查学生的历史核心素养,使评价与教学目标相一致。

在课堂上,教师提问:"从背景的角度,如何认识从秦至清长城的数度兴废?"学生通过阅读史料,分析得出:长城的数度兴废与各朝代的综合国力、民族政策、疆域拓展等因素密切相关。教师在学生回答后进行点评,指出学生的回答不仅需要准确提取史料中的信息,还需要能够从多个角度进行分析和论证。

这种素养导向的评价体系能够更好地考查学生的历史核心素养,使评价与教学目标相一致。通过这种评价方式,教师能够全面了解学生的学习情况,进行有效教学。

2. 将评价贯穿于教学全过程

"教—学—评一致性"实践要求教师将评价贯穿于教学的全过程,使教学与评价紧密结合。教师需要在教学过程中通过多种方式对学生的学习情况进行即时评价,及时了解学生的学习情况并调整教学策略。

在"近代以来中国的官员选拔与管理"③的教学中,教师将评价贯穿于教学全过程。例如,在"评阅晚清政府的答卷,撰写评语"活动中,教师通过观察学生在小组讨论中的表现,对学生的学习情况进行即时评价。教师不仅关注学生的讨论结果,还关注学生在讨论过程中的表现,如是否能够运用史料进行论证、是否能够与小组成员有效合作等。

在课堂上,教师组织学生进行小组讨论,讨论主题为"晚清政府选官制度改革的成效"。学生在讨论中结合教材和教师提供的史料,从不同角度分析晚清选官制度改革的背景、内容和影响。教师在学生讨论过程中进行观察和记录,对学生的表现进行即时评价。例如,教师指出某小组在讨论中能够准确运用史料进行论证,但某小组在讨论过程中合作不够紧密,影响了讨论效果。

在"近代以来中国的官员选拔与管理"④的教学中,教师通过多种方式对学生的学习情况进行持续跟踪和评价,展现了将评价贯穿于教学全过程的教学方式。在教学过程中,教师通过

---

① 该案例选自罗洛宜"近代以来中国的官员选拔与管理"。
② 该案例选自陈文婷"中国古代的民族关系与对外交往"。
③ 该案例选自罗洛宜"近代以来中国的官员选拔与管理"。
④ 该案例选自罗洛宜"近代以来中国的官员选拔与管理"。

课前预习学案、课堂评议表、课后习题等多种方式,对学生的学习情况进行持续跟踪和评价。

教师通过设计课前预习学案,引导学生提前预习教学内容,培养学生的自主学习能力。学生通过完成预习学案,对教学内容有初步的了解,为课堂学习做好准备。教师通过设计课堂评议表,引导学生对课堂学习情况进行自我评价和相互评价。学生通过填写评议表,反思自己的学习情况,提出改进意见。教师通过设计课后习题,考查学生对教学内容的掌握程度和综合运用能力。学生通过完成课后习题,巩固所学知识,提升学习效果。

这种将评价贯穿于教学全过程的教学方式,能够使教学与评价紧密结合;同时,教师在活动中的即时评价能够及时反馈学生的学习情况,帮助教师调整教学策略,确保教学目标的有效达成。

3. 注重评价的多元性和发展性

"教—学—评一致性"实践要求教师注重评价的多元性和发展性,以解决传统教学中评价方式单一的问题。教师需要从多个角度对学生的学习情况进行评价,关注学生的学习过程和进步情况,注重评价的发展性。通过多元的评价方式,教师能够及时了解学生的学习情况,调整教学策略,进一步提升教学效果。

在"近代西方的法律与教化"①的教学中,教师注重评价的多元性和发展性。例如,在评价学生的作业时,教师不仅关注学生的答案是否正确,还关注学生在作业中的表现,如是否能够运用史料进行论证、是否能够从多个角度进行分析等。同时,教师还关注学生的学习过程和进步情况,注重评价的发展性。

在课堂上,教师布置作业,要求学生撰写一篇关于"近代西方法律制度的特征"的小论文。学生在作业中结合教材和教师提供的史料,从不同角度分析近代西方法律制度的基本特征。教师在批改作业时,不仅关注学生的答案是否正确,还关注学生在作业中的表现,如是否能够运用史料进行论证、是否能够从多个角度进行分析等。教师在作业批改后进行总结,指出学生的优点和不足,并提出改进意见。

在"中国古代的民族关系与对外交往"②的教学中,教师不仅通过自己的观察和评价来了解学生的学习情况,还鼓励学生进行自我评价和相互评价。例如,在"分析秦朝至清朝,长城数度兴废的原因"这一任务中,学生在小组讨论后形成对长城兴废原因的总体评价意见,并在课堂上进行汇报。教师通过学生的汇报,了解学生对历史事件的理解和分析能力,同时也鼓励学生对其他小组的汇报进行评价,提出自己的看法和建议。在这一任务中,教师还通过持续性学习评价,及时反馈学生的学习情况,帮助学生改进学习方法,提升学习效果。教师通过观察学生在小组讨论中的表现,及时反馈学生的学习情况,帮助学生改进学习方法。

注重评价的多元性和发展性能够更好地激励学生的学习积极性,提升学习效果。通过多

---

① 该案例选自邓舒婷"近代西方的法律与教化"。
② 该案例选自陈文婷"中国古代的民族关系与对外交往"。

样化的评价方式,教师能够全面了解学生的学习情况,为学生提供更具针对性的指导。

总之,通过"教—学—评一致性"的教育教学实践,可以一定程度上加快素养培养导向的转型,并解决单元教学实施的策略问题,以及传统教学中教学与评价的脱节问题。这种教学实践不仅能够提升学生的历史核心素养,还能够提升教师的教学能力和教学效果,为培养全面发展的人才奠定坚实基础。

三、单元教学案例

(一)案例

第五单元　晚清时期的内忧外患与救亡图存

第17课　国家出路的探索与列强侵略的加剧

同济大学第一附属中学　陈新幻

1. 单元整体框架

【单元内容主旨】

两次工业革命使西方列强获得了对外侵略扩张的强大动力和物质基础,面对列强侵略的加剧,中国社会各阶级展开救亡图存道路的探索和斗争。无论是太平天国运动与义和团运动的暴力抗争,还是洋务新政与戊戌维新的和平改良,均因阶级和时代的局限而失败,但其救亡图存的改革意识、探索和抗争精神推动了中国近代社会的"新陈代谢"。历史人物的命运与国家命运息息相关,林则徐、李鸿章及康有为等历史人物一生的跌宕起伏是晚清时局与民族危机在历史人物身上的折射。

【本课内容主旨】

太平天国运动为李鸿章在政治上的崛起提供了契机,也催生了李鸿章学习西方以图自强的思想。秉持"外须和戎,内须变法"的洋务总纲,李鸿章引进西方机器生产技术和现代化的企业经营方式,筹建海防,培养人才,展现了超出同时代官僚的"才"与"识",推动了中国的近代化,一定程度上应对了边疆危机。但李鸿章作为地主阶级的代表,他无法突破阶级和时代的局限,甲午战败与瓜分狂潮宣告了地主阶级探索国家出路的失败,也标志着李鸿章时代的结束。

【教—学—评目标】

教学环节	教 师 预 期	学 生 达 成	学 习 评 价
环节1:分析李鸿章由文转武的时代背景	通过绘制李鸿章生平时间轴和中国近代大事时间轴,引导学生从晚清内忧外患这一特定的时空背景下分析李鸿章的人生转折	2-2能够将某一史事定位在特定的时间和空间框架下;能够利用历史年表、历史地图等方式对相关史事加以描述;能够认识事物发展的来龙去脉	问题:怎样的时代背景促使李鸿章由文转武? 层次一:能够在李鸿章的生平时间轴上准确地补充近代中国大事件 层次二:能够在层次一的基础上,清晰地概括李鸿章由文转武的时代背景

教学环节	教师预期	学生达成	学　习　评　价
环节2：分析太平天国运动对李鸿章人生发展的影响	通过引导学生阅读李鸿章的信函、奏折等史料，引导学生从中提取历史信息，建立不同史料之间的关联，多视角分析太平天国运动对李鸿章人生发展的影响	1-3 能够从所获得的史料中提取有关的信息 2-3 能够选择、组织和运用相关材料并使用相关历史术语，对具体史事做出解释	问题：太平天国运动对李鸿章的人生走向有何影响？ 层次一：能从史料中找到关键词，提取表层信息，发现李鸿章思想的变化及清朝地方总督的变化 层次二：能从李鸿章政治地位的变化、洋务思想的形成以及清朝政治权力结构变化等视角解释李鸿章开启洋务人生的背景与条件
环节3：李鸿章的"自强"与"求富"梦	通过阅读材料，归纳江南制造总局的特征，解释洋务运动是中国早期现代化的尝试。通过设身处地地思考李鸿章办洋务过程中的难题，认识到中国近代化的艰难曲折。通过了解李鸿章应对困局的方案，肯定李鸿章的"才""识"及其对推动中国近代化的贡献	1-3 能够从所获得的史料中提取有关的信息 4-2 在对历史和现实问题进行独立探究的过程中，能够将其置于具体的时空框架下	问题1：江南制造总局有何特点？ 问题2：如果你是李鸿章，你会如何回应保守官僚的奏议？ 层次一：能够结合旧知（工业革命），从材料中提取部分历史信息来解释历史概念；能够尝试结合现实生活来思考历史问题 层次二：在层次一的基础上，能够结合现实生活，并基于历史人物所处的具体时空框架思考历史问题，肯定李鸿章为追求"自强"和"求富"所做的努力
环节4：李鸿章的海防思想与晚清的海防建设	通过了解海防与塞防之争，进一步认识到清朝的统治危机，理解李鸿章海防思想的兴起和筹建海军是边疆危机刺激的结果	1-3 能够从所获得的史料中提取有关信息 2-4 能够在叙述历史时把握历史发展的各种联系	问题：李鸿章认为清朝面临的威胁主要来自何方？其《筹议海防折》对推动晚清海防建设有何意义？ 层次一：能够从材料中提取信息，概括李鸿章的海防思想 层次二：能够从李鸿章的《筹议海防折》中窥测清朝所面临的"千年未有之变局"，并能够理解李鸿章海防思想兴起和筹建海军是边疆危机刺激的结果
环节5：认识李鸿章的"和戎"思想	通过对李鸿章"和戎"思想的分析，知晓李鸿章"和戎"思想的形成是基于中西方实力对比的差距，目的是为洋务运动创造良好的外部环境，认识到李鸿章"和戎"的外交策略是对边疆危机的被动应对	1-3 能够从所获得的史料中提取有关信息 4-2 在对历史和现实问题进行独立探究的过程中，能够将其置于具体的时空框架下	问题：你如何认识李鸿章的"和戎"思想？ 层次一：能够从材料中提取信息，概括李鸿章的"和戎"思想，并能够说明李鸿章"和戎"思想形成的时代背景 层次二：能够在层次一的基础上，辩证地认识李鸿章的"和戎"思想，并由李鸿章对"和戎"与"变法"关系的认识，进一步思考民族独立与国家富强的关系

教学环节	教 师 预 期	学 生 达 成	学 习 评 价
环节6：从对甲午战败的反思评析"中体西用"思想	通过分析梁启超以及李鸿章等人对甲午战败的反思，认识历史解释受到评价者视角、身份立场等因素的影响，历史人物的活动受时代和阶级的局限	3-4 能够分辨不同的历史解释，尝试从来源、性质、目的等多方面，说明导致不同解释的原因并加以评析	问题：梁启超与李鸿章对甲午战败的反思有何不同？ 层次一：能够发现梁启超与李鸿章对甲午战败反思的异同 层次二：尝试从身份、立场、目的等多方面说明梁启超与李鸿章对甲午战败反思的异同；能够认识到历史人物的活动受时代和阶级的局限
环节7：瓜分狂潮与李鸿章外交政策的破产	通过了解李鸿章签订《中俄密约》的出发点和结局，从世界形势和国内时局，把握帝国主义瓜分中国的时代背景，认识到国防实力是外交的保障	2-4 能够在叙述历史时把握历史发展的各种联系 4-5 能够表现出对历史的反思，从历史中汲取经验教训，更全面更客观地认识历史和现实社会问题	问题：为什么《中俄密约》未能保证中国的安全？ 层次一：能够从19世纪末世界形势的大背景分析甲午战败后，列强掀起瓜分狂潮造成的民族危机 层次二：能够在层次一的基础上认识到国家实力是外交的基石，认识到在实力孱弱的近代中国，李鸿章的外交策略必然失败
环节8：总结新课，思考：国家命运与个人际遇的关系	通过回顾晚清时局变化与李鸿章个人生平经历的互动关系，认识到个人际遇与国家命运息息相关，晚清重臣李鸿章一生的跌宕起伏是晚清时局与民族危机在历史人物身上的折射	4-5 能够表现出对历史的反思，从历史中汲取经验教训，更全面更客观地认识历史和现实社会问题	问题：如何认识晚清国运与李鸿章个人际遇的关系？ 层次一：能够从个人对时代的影响或时代对个人的作用中的单一视角分析国家命运与个人际遇的关系 层次二：能够从个人际遇与国家命运的互动关系去思考李鸿章的人生境遇

【教学重难点】

重点：如何认识地主阶级洋务派对国家出路的探索。

难点：从国运与个人际遇的关系认识地主阶级为挽救危局所做的努力及其局限性。

【教学过程】

新课导入：展示梁启超的著作《中国四十年来大事记》，介绍梁启超以李鸿章来勾勒晚清四十年历史的缘由以及梁启超对李鸿章的评价，设问：李鸿章见证了晚清哪些历史大事件？李鸿章有怎样的"才"与"识"，又有怎样的遭"遇"？

设计意图：通过《李鸿章传》书籍的简介，学生初步了解李鸿章在晚清时期的历史地位，借助设问激发学生探究晚清历史与李鸿章个人命运的兴趣。

（1）李鸿章的崛起契机——镇压太平天国运动

环节1：展示李鸿章生平时间轴，讲述李鸿章由文转武的人生转折，请学生在李鸿章生平时间轴上补充近代中国大事件,概括李鸿章由文转武的时代背景。

设计意图:借助时间轴引导学生把握同一时空背景下历史事件的关联,理解历史人物行为背后的时空背景。

环节2:展示李鸿章向曾国藩介绍洋兵的信函、《淮军平捻记》中关于淮军改习洋枪的记载、清朝地方总督的变化以及李鸿章致总理衙门的信函,提问:太平天国运动对李鸿章的人生走向有何影响?引导学生从李鸿章政治地位的变化、洋务思想的形成以及清朝政治权力结构的变化等视角进行分析。

设计意图:培养学生从史料中提取信息,建立不同史料之间关联的能力,理解太平天国运动是李鸿章崛起的契机,为李鸿章开启洋务人生创造了条件,初步认识个人际遇的变化是时局变化的产物。

(2)李鸿章的洋务人生——"变法"与"和戎"

环节3:展示时人对江南制造总局的描述以及江南制造总局的老照片,学生归纳江南制造总局的特点,教师解释现代化的内涵,介绍江南制造总局所创造的中国"第一"。

设计意图:培养学生从文献史料与图片史料中提取信息的能力,借助对"近代工业"内涵的解释,引导学生理解"洋务运动是中国早期现代化的尝试"。

展示保守官僚宋晋《闽省上海轮船请饬暂行停止折》,提问:如果你是李鸿章,你会如何回应宋晋的奏议?再展示李鸿章《复议制造轮船未可裁撤折》《试办招商轮船折》等文献史料,以及招商局航线图、招商局股票等老照片,讲述李鸿章创办轮船招商局的出发点、经过及其意义。

设计意图:借助史料创设情境,引导学生从特定时空背景下思考历史人物所面临的难题,体悟李鸿章的"才""识",进一步认识到洋务运动对中国近代化的推动作用,初步认识个人历史活动对社会发展的影响。

环节4:展示李鸿章的《筹议海防折》,讲述海防与塞防之争,分析李鸿章海防思想兴起的背景及其对推动晚清海防建设的意义。

设计意图:借助海防与塞防之争进一步认识晚清统治危机,理解李鸿章海防思想的兴起是对边疆危机的回应,边疆危机推动洋务运动深入发展。

环节5:讲述中法战争中国"不败而败"、中日《天津条约》,展示李鸿章的《李文忠全书·朋僚函稿》,学生概括李鸿章的"和戎"思想,提问:你如何认识李鸿章的"和戎"思想?

设计意图:借助对李鸿章"和戎"思想的分析,引导学生认识到中西方实力差距悬殊的背景下,"和戎"是晚清对边疆危机的被动应对,折射出中国近代化缺乏良好的外部环境。

(3)李鸿章的人生低谷——甲午战败与瓜分狂潮

环节6:教师讲述甲午战败,李鸿章签订《马关条约》后的人生"悲遇",展示梁启超对李鸿章的评价、李鸿章自己对洋务运动的反思,探究梁启超与李鸿章对甲午战败反思的异同。

设计意图：引导学生从身份、立场、目的等多方面说明梁启超与李鸿章对甲午战败反思的异同，体悟历史人物的所作所为深受时代的局限。

环节7：讲述李鸿章签署《中俄密约》，提问：《中俄密约》为什么不能保障中国的安全？结合法国《小日报》的漫画指出李鸿章"以夷制夷"的外交策略以失败告终，李鸿章沦为"伴食宰相"。

设计意图：借助《中俄密约》引出帝国主义瓜分中国的史实，引导学生从19世纪末的世界形势思考大清王朝的国运和李鸿章的个人命运的走向，认识到"国家实力是外交的基石"。

环节8：结合板书，总结新课，提问：如何认识晚清国运与李鸿章个人际遇的关系？甲午战败与瓜分狂潮宣告了地主阶级探索国家出路的失败，也标志着李鸿章时代的结束。那么，面对空前严重的民族危机，国家出路的探索又将由谁来领导呢？

设计意图：借助晚清国运与李鸿章人生际遇的变化认识到国家命运和个人际遇的辩证关系，思考"国家出路的探索又将由谁来领导"，为后一课时做铺垫。

【结构板书】

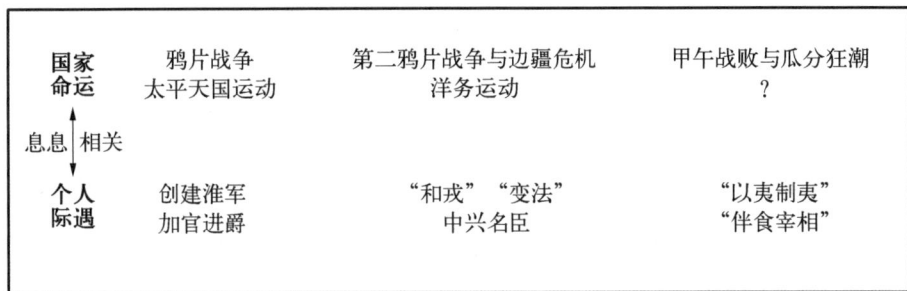

【作业设计】

(1) 晚清国运与洪秀全的命运

李鸿章与洪秀全出生于同一时代，两人分别代表了农民阶级与地主阶级对国家出路的探索，太平天国运动是两人命运的交集，最终李鸿章所代表的地主阶级政权镇压了这场中国近代史上规模最大的农民起义。那么，如果没有曾国藩的湘军、李鸿章的淮军以及外国洋枪队的共同镇压，洪秀全建立的"地上天国"能摆脱覆灭的历史命运吗？请你进行探究。

① 请查阅资料，绘制洪秀全的生平大事时间轴或大事年表。

② 请结合洪秀全撰写的《天父诗》以及太平天国的纲领性文件《天朝田亩制度》等史料，分析洪秀全所建立的"地上天国"覆灭的原因。

(2) 李鸿章与洋务运动

① 展示洋务运动时期的老照片，请学生设计合适的展厅主题，对它们进行分类布展（此处照片略）。

② 上海被称为洋务运动的"重镇",李鸿章创办的江南制造总局、轮船招商局、上海机器织布局均位于上海,请分析上海何以成为洋务运动的重镇。

③ 有人说洋务运动是"有心栽花花不开,无心插柳柳成荫",请谈谈你对这种说法的认识。

④ 陈旭麓先生在《近代中国社会的新陈代谢》中指出:"洋务工业的官督商办和官商合办,官领其总,商出资本,无疑是一种切实的引导。它们于不知不觉中,把封建主义的坚冰钻开了些微裂缝,而后,民族资本主义可以沿着裂缝慢慢渗入。"请查阅资料,了解中国近代民族资本主义企业的产生情况。

(3) 李鸿章诞辰 200 周年

2023 年是李鸿章诞辰 200 周年,安徽省合肥市李鸿章故居纪念馆拟征集李鸿章诞辰 200 周年纪念词,请你根据李鸿章的生平经历撰写一段纪念词。

要求:字数为 300 字左右,集中体现李鸿章的生平大事,包含对李鸿章的评价。

【学习评价】

评 估 指 标	收获很大 (5分)	收获一般 (3分)	收获较少 (1分)	没有收获 (0分)
能借助大事年表或时间轴梳理历史事件,建立史事间的关联。如能建立两次鸦片战争与太平天国运动、洋务运动之间的联系				
能从史料中提取有效的历史信息,学会结合所学知识,建立不同史料之间的关联,形成历史叙事				
能从历史人物所处的时代背景分析、评价其历史活动,能体会到在中国探索现代化道路之艰难				
能理解不同的人对同一历史事件的认识受其身份、立场、视角和所处时代的影响				
能理解历史人物的所作所为深受社会环境的影响,顺应时代潮流的实践活动能推动社会的发展				
能反思近代社会各阶层对国家出路的探索,树立担当起民族复兴和国家富强的使命感				
学习困惑:				

2. 指向问题的典型片段

片段 1：李鸿章的崛起契机——镇压太平天国运动

教学设计：

时间轴展示：

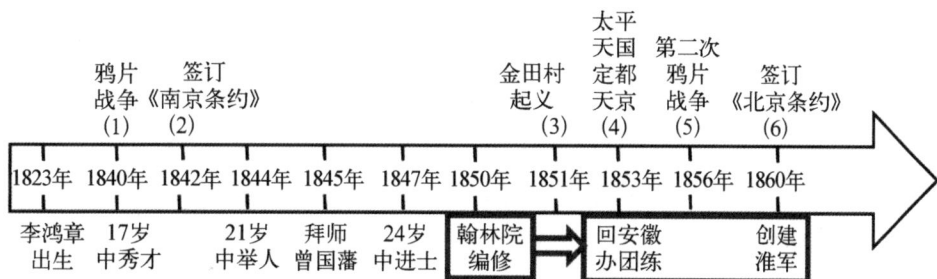

展示李鸿章生平时间轴，讲述李鸿章由文转武的人生转折，请学生在李鸿章生平时间轴上补充近代中国大事件，概括李鸿章由文转武的时代背景。

史料分析：展示李鸿章向曾国藩介绍洋兵的信函、《淮军平捻记》中关于淮军改习洋枪的记载、清朝地方总督的变化以及李鸿章致总理衙门的信函，提问："太平天国运动对李鸿章的人生走向有何影响？"引导学生从李鸿章政治地位的变化、洋务思想的形成以及清朝政治权力结构变化等视角进行分析。

亮点：通过时间轴和史料分析，学生能够清晰地看到李鸿章个人命运与国家命运的交织。这种设计不仅帮助学生理解历史事件的背景，还培养了学生从史料中提取信息的能力。

建议：可以增加更多的互动环节，如小组讨论，让学生更深入地探讨李鸿章的政治选择及其对晚清历史的影响。

片段 2：李鸿章的洋务人生——"变法"与"和戎"

教学设计：

江南制造总局分析：展示时人对江南制造总局的描述以及江南制造总局的老照片，学生归纳江南制造总局的特点，教师解释现代化的内涵，介绍江南制造总局所创造的中国"第一"。

情境创设：展示保守官僚宋晋《闽省上海轮船请饬暂行停止折》，提问："如果你是李鸿章，你会如何回应宋晋的奏议？"再展示李鸿章《复议制造轮船未可裁撤折》《试办招商轮船折》等文献史料，以及招商局航线图、招商局股票等老照片，讲述李鸿章创办轮船招商局的出发点、经过及其意义。

亮点：通过情境创设，学生能够更好地理解李鸿章在洋务运动中的决策过程及其面临的挑战。这种设计不仅提升了学生的参与度，还培养了学生的审辨式思维。

建议：可以增加更多关于洋务运动失败原因的讨论，帮助学生更全面地理解中国近代化道路的艰难。

片段3：李鸿章的人生低谷——甲午战败与瓜分狂潮

教学设计：

甲午战争反思：教师讲述甲午战败，李鸿章签订《马关条约》后的人生"悲遇"，展示梁启超对李鸿章的评价、李鸿章自己对洋务运动的反思，探究梁启超与李鸿章对甲午战败反思的异同。

《中俄密约》分析：讲述李鸿章签署《中俄密约》，提问："《中俄密约》为什么不能保障中国的安全？"结合法国《小日报》的漫画指出李鸿章"以夷制夷"的外交策略以失败告终，李鸿章沦为"伴食宰相"。

亮点：通过对比分析和情境创设，学生能够深入理解李鸿章在外交领域的困境及其失败的原因。这种设计不仅能帮助学生理解历史事件的复杂性，还培养了学生的辩证思维。

建议：可以增加更多关于国际关系和地缘政治的背景知识，帮助学生更全面地理解中国在近代国际格局中的地位。

(二) 评述与建议

1. 亮点特色

(1) 多维度分析：案例通过时间轴、史料分析、情境创设等多种方式，帮助学生从不同角度理解历史事件和人物。这种多维度的分析不仅丰富了教学内容，还培养了学生的综合分析能力。

(2) 情境创设：通过创设具体的历史情境，如李鸿章应对保守官僚的奏议、甲午战争后的反思等，学生能够更好地理解历史人物的决策过程及其面临的挑战。这种情境创设不仅提升了学生的参与度，还培养了学生的审辨式思维。

(3) 史料运用：案例中大量运用了原始史料，如李鸿章的信函、奏折等，帮助学生从第一手资料中提取信息，培养了学生的史料实证能力。

(4) 问题导向：案例通过提出一系列具有挑战性的问题，如"太平天国运动对李鸿章的人生走向有何影响？""《中俄密约》为什么不能保障中国的安全？"等，引导学生主动思考和分析问题，培养了学生的自主学习能力。

2. 教学启示

(1) 推动素养培养导向的转型

在"李鸿章的崛起契机——镇压太平天国运动"这一片段中，教师通过时间轴和史料分析，引导学生从不同角度理解李鸿章的生平和时代背景。这种教学方式不仅帮助学生掌握知识，还培养了学生的历史思维能力和素养。例如，学生通过分析李鸿章的政治地位变化、洋务思想的形成以及清朝政治权力结构的变化，能够更全面地理解历史事件的背景和影响。

所以，教师在教学中应注重培养学生的素养，通过多样化的教学方法，如情境教学、史料分析等，引导学生主动思考和分析问题。同时，教师应通过即时评价，及时反馈学生的学习情况，帮助学生调整学习方法,提升素养。

（2）促进单元教学策略的实施

在"李鸿章的洋务人生——'变法'与'和戎'"这一片段中,教师通过展示江南制造总局的描述和老照片,引导学生归纳其特点,并解释现代化的内涵。这种教学设计不仅帮助学生理解洋务运动的背景和意义,还培养了学生的史料实证能力。同时,教师通过情境创设,引导学生思考李鸿章在洋务运动中的决策过程及其面临的挑战,提升了学生的参与度和审辨式思维。

因此,教师在单元教学中应明确教学目标,并根据目标设计多样化的教学活动。通过情境创设、史料分析等方法,教师可以更好地引导学生理解历史事件和人物,培养学生的素养。同时,教师应通过即时评价,及时了解学生的学习情况,调整教学策略,提升教学效果。

（3）解决教学与评价脱节的问题

在"李鸿章的人生低谷——甲午战败与瓜分狂潮"这一片段中,教师通过展示梁启超对李鸿章的评价、李鸿章自己对洋务运动的反思,以及《中俄密约》的分析,引导学生从不同角度反思甲午战争的失败原因。这种评价方式不仅考查学生对历史事件的理解,还考查学生的审辨式思维和历史解释能力。例如,学生通过分析梁启超与李鸿章对甲午战败反思的异同,能够更全面地理解历史事件的复杂性。

教师在教学中应构建素养导向的评价体系,通过多样化的评价方式,如史料分析、情境创设等,考查学生的历史核心素养。同时,教师应将评价贯穿于教学全过程,通过即时评价,及时反馈学生的学习情况,帮助学生改进学习方法,提升学习效果。

3. 总结与展望

通过"教—学—评一致性"的教育教学实践,可以一定程度上加快推动素养培养导向的转型,并解决单元教学实施的策略问题,以及传统教学中教学与评价的脱节问题。这种教学实践不仅能够提升学生的历史核心素养,还能够提升教师的教学能力和教学效果,为培养全面发展的人才奠定坚实基础。在未来的单元教学中,教师应继续探索更多创新的教学方法和策略,不断提升教学质量和学生的学习效果。

第三章　促进学生核心素养培育的学科
教学建议(高中地理)

上海市杨浦区教育学院　刘宇桦

一、单元教学关键问题分析

(一) 问题的提出

1. 如何开展指向深度学习的单元教学设计?

2019 年 6 月,国务院办公厅印发的《关于新时代推进普通高中育人方式改革的指导意见》指出要积极探索基于情境、问题导向的互动式、启发式、探究式、体验式课堂教学,培养学生适应终身发展和社会发展需要的正确价值观念、必备品格和关键能力。这就要求教师在日常教学中要注重学科核心素养的培育。

"单元"是各自独立而有系统的单位,既有单元内部各要素之间的联系,又有相较于其他单元的独立。钟启泉认为,单元设计是"核心素养—课程标准—单元设计—课时计划"中的中观层面设计。当课时计划被包含在更大的单元设计中时,通常会更有目的性和连接性,有利于解决传统课时主义教学中知识碎片化的问题。深度学习是一种基于理解的学习,以发展学生高阶思维和培养学生解决实际问题的能力为最终目标,被认为是学科核心素养培育的有效途径。

在日常听课与调研中,笔者发现,不少教师的课堂依然偏重教师讲授、学生听讲的传统模式,学生缺乏参与知识建构的过程,只是被动记忆和机械重复,难以形成高阶思维,更谈不上核心素养的培育;另外,教师在备课的过程中往往以课时为单位,却忽视了其在整个单元,甚至整册教材中的作用和地位,教师备课视角的局限往往导致其对知识点的碎片化处理,缺乏知识间的内在逻辑,难以构建完整的学习知识体系。

因此,开展单元教学设计,有利于从整体性视角开展单元教学,有效培育高阶思维,落实深度学习理念和培育学科核心素养。

2. 如何设计基于认知冲突的问题式教学?

认知冲突是指认知发展过程中原有的观点或认知结构与实际情况不相符时在心理上所产生的矛盾或冲突。21 世纪是一个信息化、数字化的时代,在这样一个竞争激烈的时代中,良好的科学素养已经成为个人和社会进步的必需。因此,在教学中如何帮助学生形成对科学知识的深刻理解和灵活运用就显得尤为重要。学生头脑中原有的错误认知正是阻碍学生深刻理解科学知识的重要因素,只有深入了解学生头脑中的前认知,才能更好地提升学生的科学素养。

在日常听课与调研中发现:不少教师都有一个共同的感受,即面对课堂上重复、强调多遍的重难点知识,学生在考试、做题时还是会频频出错。究其原因,实则是教师在日常教学中对学生原有前认知的忽视。学生走进课堂之前,头脑中并非一张白纸,其积累的日常生活经验、学过的各学科知识都是其学习新知识的认知基础。当学生的前认知与新知识产生冲突时,仅仅凭借教师课堂上多次的重复强调,是难以帮助学生实现认知转变的。

因而,基于认知冲突开展问题式教学,有助于激发学生探究的主动性,及时转变原有错误认知,提升新知学习的效率。

3. 如何设计指向学习进阶的单元复习课作业?

国务院办公厅印发的《关于新时代推进普通高中育人方式改革的指导意见》指出,学校要提高作业设计的质量,精心设计基础性作业,适当增加探究性、实践性以及综合性作业,从而提高教学质量。可见,作为课堂教学的延续和补充,作业设计同样需要指向学生学科能力与核心素养的发展。

单元作业是指教师以单元主题为统领,为帮助学生完成单元学习目标而设计的具有关联性、层次性和系统性的学习任务群。学习进阶是指学生在学习某一核心概念的过程中,遵循一系列逐渐复杂的思维路径的过程。其中,"进"意味着向更高层次发展,"阶"则是学生思维发展的某些节点。因此,教师用学习进阶理念来指导单元作业设计,有助于在单元架构之下,更好地发挥作业的层次性和关联性功能,帮助学生在完成作业的过程中循序渐进地实现思维能力的发展和素养水平的提升,这也是单元作业设计的终极价值。

(二)问题的价值

1. 整合教学资源,提升教学效率

指向深度学习的单元教学设计,其核心价值在于整合教学资源,提升教学效率。这种设计能够将零散的教学内容和课时计划纳入一个有机的整体,使得教学活动更加连贯和系统化。通过深度学习,学生能够在教师的引导下,主动探索和构建知识,这种学习方式有助于学生形成深层次的认知结构,提高学习效率和质量。此外,深度学习还能够激发学生的内在动机,使他们更加投入和享受学习过程,这对于培养学生的终身学习能力至关重要。在当前教育改革的背景下,开展单元教学设计有助于实现从知识传授向能力培养的转变,更好地适应新时代教育的需求。

2. 优化教学策略,促进认知发展

基于认知冲突的问题式教学设计,其价值在于优化教学策略,促进学生的认知发展。这种教学方法能够识别和利用学生已有的认知结构,通过设计具有挑战性的问题,激发学生的认知冲突,促使他们重新审视和调整自己的认知。这种方法不仅能够提高学生对知识的理解和记忆,还能够培养他们的批判性思维和问题解决能力。在信息化时代,学生每天都会接触到大量的信息,基于认知冲突的问题式教学能够帮助学生学会如何筛选和处理信息,这对于他们适应快速变化的社会环境具有重要意义。

3. 创新作业形式,深化学习体验

设计学习进阶视域下的单元复习课作业,其价值在于创新作业形式,深化学生的学习体验。这种作业设计能够将学习任务与学生的认知发展阶段相匹配,通过设计不同层次和类型的作业,引导学生逐步深入学习,实现知识的深化和拓展。这种作业不仅能够巩固学生在课堂上学到的知识,还能够鼓励他们进行自主探究和实践,提高他们的创新能力和实践能力。在当前教育改革的背景下,这种作业设计有助于实现从单一的知识传授向综合能力培养的转变,更好地满足学生个性化和多样化的学习需求。

以上三个关键问题共同推动了教学模式的创新,优化了教学策略,促进了学生认知的发展,并且创新了作业形式,深化了学生的学习体验。同时,也为教师提供了更多的教学灵活性和创造性空间。教师可以根据学生的具体情况和学习需求,调整教学内容和作业难度,实现个性化教学。在全球化和信息化的背景下,这些教学实践能够更好地帮助学生面对未来的挑战,培养他们成为具有国际视野和社会责任感的公民,这不仅对学生的学习和成长具有深远影响,也对教育改革和社会发展具有重要意义。

二、单元教学关键问题解决

(一) 开展指向深度学习的单元教学设计

1. 开展相关理论学习,确立单元设计路径

自新课标实施以来,区域教师先后参与了教育部、市级、区级和校级层面的相关培训,对于深度学习、单元教学等新课程理念已经有了较为深入的理解。在理论培训与实践推进的过程中,区域教师研究团队逐步确立了高中地理学科单元教学设计的基本路径和文本模板,并在区域层面推广,开展单元教学设计实践。具体流程如图 3-1 所示。

首先,在区域层面组建了包含学科专家、教研员和各校新高一备课组长的课题研究团队。主要任务是通过前期的理论学习和互动交流,明确单元教学设计的概念界定,以及指向深度学习的单元教学设计的基本要素。

通过工作坊研修,对"单元教学设计"做出如下概念界定:聚焦学科核心素养,依据课程标准,以学科大概念、大情境或大任务为教学主题,对教学内容进行分析、整合、重组,使相关知识内容结构化,进而形成统整的教学体系,其中需要强调的是教学内容的联系性和整体性。

同时,综合多位学者的观点,提炼出深度学习可以融入单元教学的基本要素,如主题情境、有意义的知识建构、批判性理解、迁移运用、高阶思维等。教师可以依据学生在一个单元内的不同学习阶段,结合教学内容和学生学情,在一个单元的不同课时中对上述基本要素予以不同侧重的突出和体现。

其次,借助教育部"指向核心素养的深度学习教学改进项目"研修成果和学科专家的力量,编制了推进深度学习视角下单元教学的工具,用于指导区域各学校开展单元规划和课时教学设计。工具着重"单元规划"和"课时设计"两大模块,单元规划是指一个教学单元的整体规划,

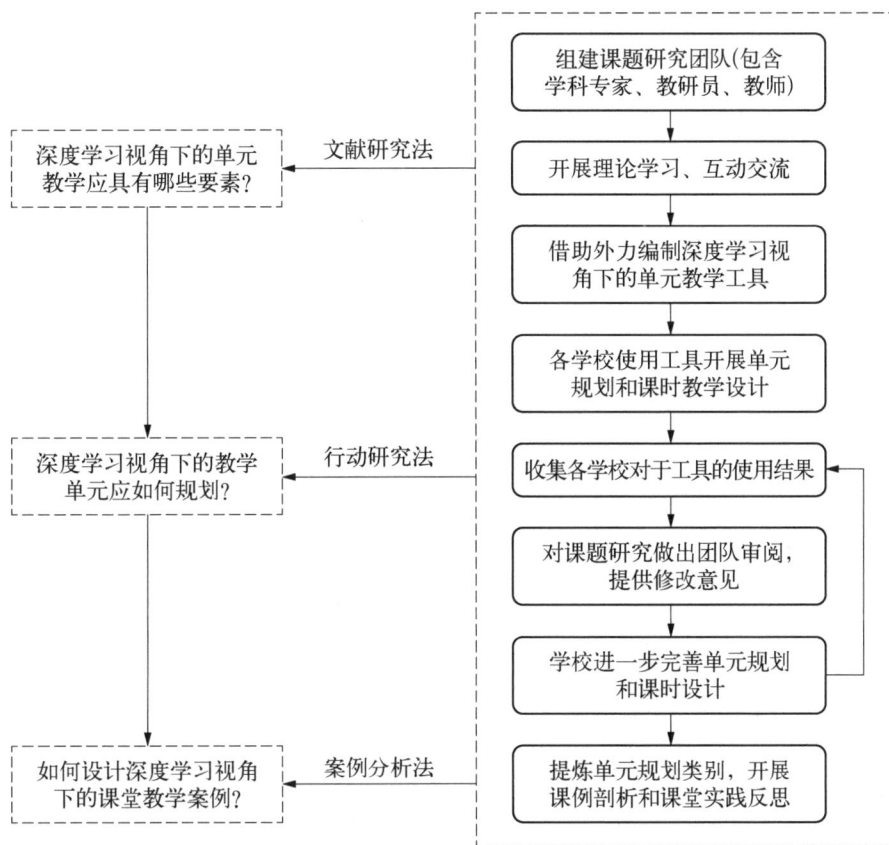

图 3-1　推进区域深度学习视角下的单元教学路线图

主要从宏观视角体现深度学习的基本要素。如"主题名称"栏目对应深度学习中的主题情境;"单元教学流程"栏目可以通过单元流程图的呈现,引导教师关注课时与课时之间的联系,从而引导学生形成有意义的知识建构。在单元学习中,提供真实的问题情境,培养学生解决问题的能力。课时设计是针对单元之下各课时的具体教学设计,从微观视角体现深度学习的基本要素。如"课时教学流程图"栏目,可以清晰呈现各课时的学习环节和活动流程,体现其是否能够循序渐进帮助学生实现知识的意义建构;"课时教学过程"栏目则是要求教师更为具体地阐述教学的实施过程,从中体现教师是否融入有利于学生批判性理解的教学问题或活动环节。

2. 提炼单元规划类别,落实单元教学理念

依据上述单元教学设计路径和文本参考模板,区域内各学校基于高中地理必修一教材开展单元教学设计,从中提炼出深度学习视角下以"问题""概念""活动"为线索的三个单元规划类别。

(1)以"问题"为线索的单元规划

以"问题"为线索的单元规划以问题整合教学内容,以问题贯穿教学始终,让学生在发现问

题、分析问题和解决问题的过程中掌握知识，促进思维发展。相关研究认为，能够激发学生兴趣的问题有利于学生的深度思考；有梯度的问题设计有利于学生循序渐进地获得有意义的知识建构，最终指向高阶思维的发展；开放性的问题更有利于激发学生的批判性思考。下面是笔者指导控江中学黄艳兰老师以电影《流浪地球》为问题线索进行的单元规划（图3-2）：

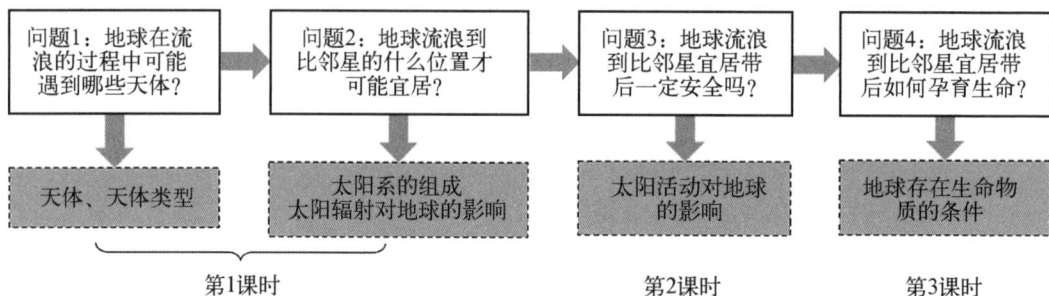

图3-2 "地球的宇宙环境"单元规划流程图

《流浪地球》是一部关于地球脱离太阳系寻找新家园的科幻电影，深受高中生的喜爱，以它作为"地球的宇宙环境"这一单元的问题线索贯穿教学始终，有利于激发学生的深度思考。

（2）以"概念"为线索的单元规划

地理概念体系是地理知识的"整合器"，概念关联的重心在于结构化，在于把握内容的逻辑顺序，而结构、逻辑正是高阶思维的典型特点。因此，以"概念"为线索的单元规划，需要重点关注"概念"所涉及教学内容的结构化处理，以及由浅入深、由简单到复杂的逻辑顺序，以促进学生的深度学习。下面是笔者指导复旦实验中学的王丹丹、吴晓瑜、洪陶玲老师以"水"为核心概念，整合教材主题7"自然界的水循环"和主题6"城市内涝"部分的内容，构成的新的教学单元（图3-3）。

教师基于"水"这一核心概念，依据教学内容进一步外延出"水的形态""水的类型""水循环""水与人类活动的关系"等次级概念，对与"水"相关的教学内容进行了结构化处理。

（3）以"活动"为线索的单元规划

单元规划中的"活动"线索是指基于同一情境，形成有前后关联的课时活动链。相较于"问题链"，"活动链"更为强调学生的亲身参与和实践体验。通过全身心参与知识建构的过程，获得有意义的知识建构，发展批判性思维。下面是上海交通大学附属中学李昂老师以一系列活动串起的"土壤"单元规划（图3-4）。

3. 细化课时活动设计，凸显深度学习特征

课时教学是单元教学的具体化，如果说单元规划重在落实深度学习"主题情境、批判性理解、有意义的知识建构、高阶思维"等基本要素，那么课时教学设计则重在思考通过何种策略、何种方法将这些基本要素具体落实于各课时的教学中。

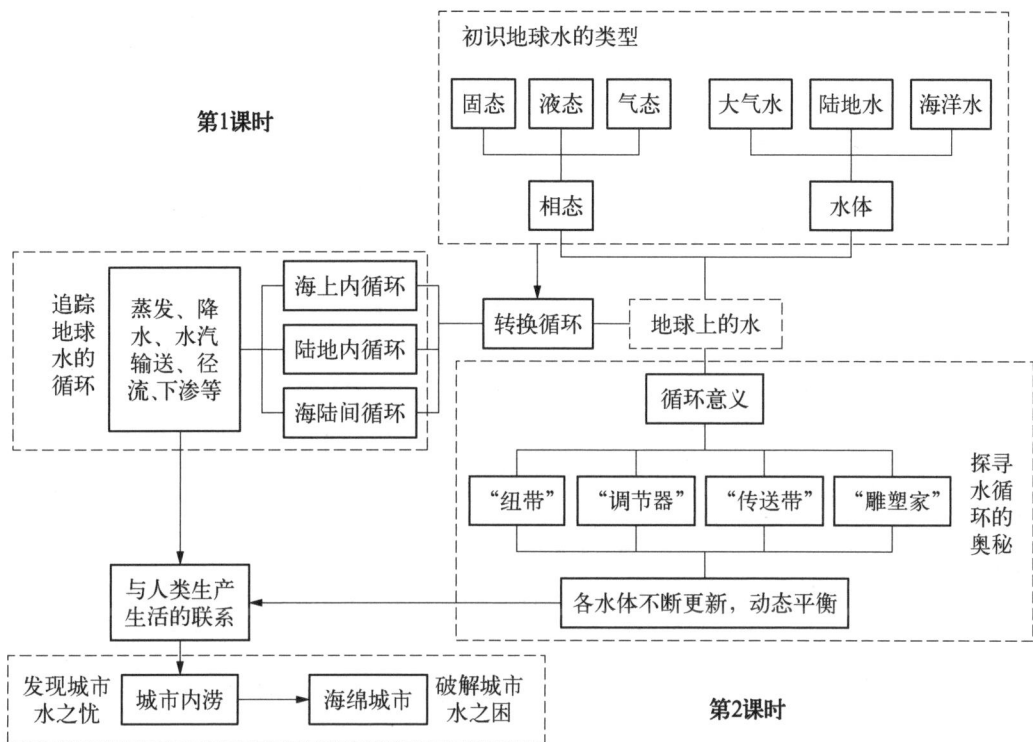

图3-3　以"水"为核心概念的单元规划图

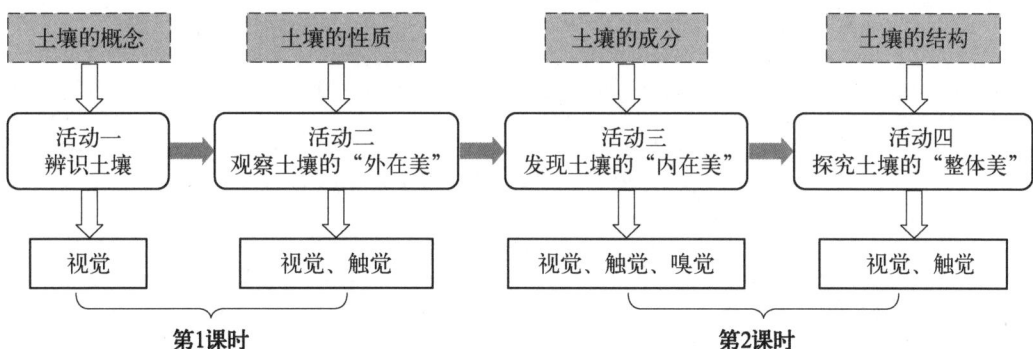

图3-4　以活动为线索的"土壤"单元规划图

　　经过研究,我们认为想要将深度学习的基本要素具体落实到课堂教学中,必须应用以下教学策略:① 创设贯穿课堂始终的教学情境;② 设计指向有意义知识建构的活动系列;③ 制造引发批判性思考的认知冲突;④ 提供引导迁移应用的实际问题。下面以杨浦高级中学皋万莉老师团队的必修一主题5"大气的受热过程与运动"中第1课时"大气受热过程"为例,阐述上述策略的具体应用(表3-1)。

表 3-1　深度学习的基本要素在"大气受热过程"课时教学中的具体落实

教学环节	学 习 活 动	设 计 意 图
环节 1：导入新课（创设情境）	创设情境：小明的爸爸暑假需要去拉萨工作一段时间，到达拉萨后爸爸发现拉萨与上海几乎同纬度，但天气大有不同，通过小明和爸爸的交流，我们发现拉萨有许多有趣的天气现象 学生活动：出示图片，学生选择 提供出行用品（墨镜、毛衣、羽绒服、防晒霜、雨伞等）的诸多选项，让学生进行选择	复习前面课时的大气组成与作用，为本节课做铺垫，转承至新课
环节 2：探究拉萨日光城的原因	情境：小明爸爸刚到拉萨一周，皮肤就晒得很黑 拉萨全年日照时间在 3 000 小时以上，素有"日光城"的美誉，而上海日照时数为 1 852，为什么拉萨太阳辐射这么强呢？ 出任务单，学生根据不同大气对太阳辐射不同波段的热力作用不同，归纳大气的热力作用 观察小实验：二氧化碳是温室气体 为了进一步证明二氧化碳为温室气体，教师提供实验视频 将一支温度计直接放在窗台，再将一支温度计裹在吹了气的塑料袋内（两层，避免漏气），一刻钟以后观察，发现袋内温度计温度较高	大气垂直分层中，不同层的大气成分不同，不同成分对不同太阳辐射波段的热力作用也不同，直接呈现数据进行重组与归纳，培养综合思维 学生可以通过简单的实验理解二氧化碳可以大量吸收对流层的长波辐射，起到增温的效果
环节 3：探究青藏高原夏季太阳辐射强但气温低的原因	情境：虽然太阳辐射很强，但每天傍晚，小明爸爸还是要穿着厚外套，不仅拉萨，整个青藏高原都是中国夏季平均气温最低的地方，这是什么原因呢？ 学生活动：小组讨论，分析太阳辐射、地面辐射关系图等，在学生对关系图的解读过程中，画出简易示意图。教师帮忙理清太阳辐射、地面辐射、大气辐射的关系 学生进一步读不同性质地面的反射率图，分析理解青藏高原的冰面能大量反射太阳辐射，地面吸收的热量较少，地温低，放出的热量也少	太阳受热过程这部分内容是学生学习的难点，又是理解和解释天气现象的关键点，通过小组讨论可以降低自己读图的难度，画简易图的过程是反馈和评价知识裂解程度的重要步骤，有利于学生发展综合思维
环节 4：探究青藏高原昼夜温差大，上海昼夜温差较小的原因	情境：小明爸爸去参加当地人的聚会，聚会上看到藏族朋友穿着掉袖藏袍，感到很好奇，这种服饰与当地的地理环境有什么关系呢？ 学生活动：分析天气数据，得出青藏高原昼夜温差大的结论，通过小组讨论，利用已学原理具体解释原因，并分析掉袖藏袍与地理环境的关系	人类活动和天气的关系密切，人类在不断适应地理环境，通过原理解释民族服饰，体现人地和谐的观念
课堂小结	大气的热力作用对地球的意义重大，没有大气保护的月球昼夜温差高达 300 多度，可见大气是保证地球生命的基础	总结本堂课的意义和大气对地球的保护作用

（1）创设贯穿课堂始终的教学情境

本节课以上海和拉萨的天气对比作为贯穿始终的试题情境，分别从上海和拉萨的太阳辐射量差异、白天气温和夜晚气温的对比,学习太阳辐射的削弱作用和大气对地表的保温作用原理。如此贯穿课堂始终的问题情境,有利于确保学生思维的连贯性,实现有意义的知识建构,从而提升学生解决问题的能力。

（2）设计指向有意义知识建构的活动系列

本节课首先通过选择携带出行物品的小活动,唤起学生对于青藏高原自然环境特征的前认知基础;随后,通过学生现场学习太阳辐射的不同波段,以及大气各成分对于太阳辐射的热力作用,归纳大气的热力作用,深度学习大气对于太阳辐射的削弱作用,通过理论的学习来解释日常生活经验,有利于学生有意义地建构原理;在本节课难点"大气保温作用原理"的学习中,要求学生绘制简易的示意图,来表述大气保温作用的过程,这有利于学生进行文图转换,形成有意义的知识建构;最后,将白天的气温和夜晚的气温进行综合,通过青藏高原掉袖藏袍的民族服饰与当地昼夜温差大相联系,解释其传统服饰与自然环境的联系,用于巩固所学,实现深度学习。

（3）制造引发批判性思考的认知冲突

本节课中,学生最容易产生混淆的知识点在于青藏高原太阳辐射强,但气温却比较低。教师在课堂上通过表格数据直观呈现这一现象,引发认知冲突,进而引导学生运用所学知识解释上述现象。通过激发认知冲突,引发学生的认知失衡,进而主动探究原因,相较于教师讲解与学生被动接受,效果更好。

（4）提供引导迁移运用的实际问题

在本节课的最后,教师引出了月球昼夜温差大的现象,月球白天的温度可以达到127℃,夜晚的温度仅零下183℃。请同学们运用本节课所学的大气削弱作用和保温作用原理来解释月球昼夜温差大的原因,是对于本节课所学的两个重要原理内容的迁移运用。

（二）设计基于认知冲突的问题式教学

1. 准确把握学生前认知中的相异构想

学生前认知中的相异构想,包括错误认知或不完整的认知,是设计有效的认知冲突的必要前提。教师可以通过教学经验积累、前测问卷、访谈等方式获取学生的前认知情况,并捕捉其中可能激发学生认知冲突的教学突破点。

（1）基于多年教学经验把握学生的前认知

对于具有多年教学经验的资深教师而言,其教学和批改作业的经历会让其更好地把握学生的前认知情况。

例如,在"地球运动"内容的学习中,关于地方时早晚的问题。在日常生活中,我们通常认为凌晨4点一定比凌晨5点要早,而在地理术语中,早晚却是相对于太阳升起的时间而定的。对于凌晨5点而言,太阳还有一个小时就升起来了;而相对于凌晨4点来说,太阳却还需要2个小时才升起来,如此,我们就认为凌晨5点要比凌晨4点早。这样才能正确理解地理时区计算中的"东早西晚,东加西减"原则。

又如,当学生学习了地球公转相关知识之后,知道了南北半球的季节是相反的,却在被问及北半球9月23日,南半球是几月几日时选择了3月21日。这就是学生自身认知结构混乱所致的相异构想,正午太阳高度和昼夜长短的年变化只会使得地球表面获得的太阳热量在时间上分配不均,从而形成寒暑交替的季节变化,却不会影响到日期的变化,学生对于季节变化的形成原因认识不清,只知道南北半球是相反的,即认为日期也是相反的。

教师基于多年的教学经验,认识到这一科学知识与日常生活经验的冲突是每一届学生都会面临的学习难点,因此在课堂教学中提出上述认知冲突,帮助学生解决认知失衡,有利于帮助学生更好地理解地球自转和公转的地理意义。

(2) 基于前测问卷把握学生的前认知

对于经验不足的青年教师,通过前测问卷的测查,也能快速捕捉到学生学习新知可能面临的认知冲突。

例如,教师在前测问卷中设置了这样一道试题。

选一选:将两支同样的温度计静置在阳光下,10分钟后,暴露在阳光下的温度计显示10℃,你认为透明玻璃瓶内的温度计读数可能为(　　)。

A. <10℃　　　　　　B. =10℃　　　　　　C. >10℃

你选择的理由是:

经过测查,46%的学生选择了>10℃,40%的学生选择了<10℃,另有14%的学生认为=10℃。可见,选择大于或小于10℃的学生比例相当。通过具体的理由分析,发现学生对于该实验的思考既包括了与科学概念不一致的相异构想,也包括了非本质的相异构想。

物理学科的相关知识对学生相异构想的形成有着重要的影响。如部分学生认为"玻璃是透明的,因此即使在太阳光照射下也不会对瓶内气温产生任何影响";或"玻璃瓶是半封闭环境,与外界接触不多,不会对瓶内温度产生影响"等。另外,部分学生将凸透镜能聚光、凹透镜能发散光的物理原理迁移到了对该实验原理的解释中,而事实上,该实验结论与玻璃瓶的形状、材质均无关。

除上述与科学原理不一致的相异构想外,还有部分学生的理由是与科学原理较为接近的。如学生认为"半封闭的玻璃瓶内空气不流通,热量无法散去,易积聚热量";又或是"太阳辐射进入玻璃瓶后经多次反射、折射,气温升高",这两种观点均提到了太阳辐射能够通过透射作用进入玻璃瓶内部,并难以辐射出去。只是对于为何太阳辐射不会从玻璃瓶中释放出去的根本原因无法做出清晰的解释,因此,这类相异构想就属于非本质的相异构想。

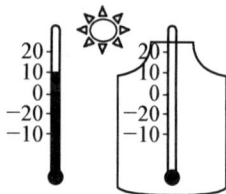

（3）基于访谈把握学生的前认知

为了更准确地了解学生的思维过程，教师可以加入访谈的环节，通过访谈进一步询问学生给出答案的思考，从中捕捉学生思考过程中存在的相异构想。

例如，在关于"一天中最热时间"的问卷测查中，52%的学生认为一天中最热的时间是中午12点，还有26%的学生认为是12点到14点之间的某个时刻，仅有19%的学生填写了14点。

教师通过进一步的访谈了解学生的思维过程。发现75.4%的学生都认为"只要太阳高度角达到最大值，地表和近地面大气的温度就达到最高，即一天中最热的时刻"。之所以同一理由有不同的答案出现，是由于学生之前关于正午太阳高度的概念模糊。这说明学生对于"近地面大气的直接热源"存在着较为普遍的相异构想，他们都认为近地面大气的热量直接来源于太阳，这显然是与事实不相符的。

还有部分学生提到了日地距离，这又是受到了"离热源越近，温度越高"这一日常生活经验的干扰，而且日地间距离的变化是由于太阳位于地球公转椭圆轨道的一个焦点之上所形成的，与地球公转有关，与此处气温的日变化无关，可见学生对于地球运动部分的认知结构是极其混乱的。

还有小部分学生对于一天中最热时间的生活感受有着不同的看法，而这在笔者看来也是情有可原的，因为我们的身体未必能感受到每一个小时之间的精确温差，因此教学中就有必要通过实证研究来说服学生对科学原理的顺应。

2. 创设有效的问题情境引发认知冲突

（1）通过课堂提问呈现认知冲突

课堂提问是呈现认知冲突最直接的方式。教师通过课堂提问，既可以呈现不同学生主体之间的认知冲突，也可以呈现学生观点与科学知识之间的认知冲突，引发学生心理上的认知失衡，从而主动反思，及时纠正原有的错误认知。由于学生亲身经历了问题探究、主动反思、纠正的过程，相较于被动接受教师的强调，往往具有更高的学习效率。

例如，在"热力环流"一课的教学中，教师借助吸铁石模拟热力环流过程中气体分子的运动状况，将热力环流的形成过程分解成若干步骤，并以问题导学的形式引导学生思考。教师提问学生：假设A空气柱中有8个气体分子，那么这8个气体分子在A空气柱中如何分布？全班2/3的学生认为气体分子不均匀分布，呈现"下密上疏"分布，1/3的学生认为气体分子均匀分布，由此产生认知冲突。此时，教师邀请同学各自发表观点，在观点的冲突中寻找突破点，进而实现对科学认知的顺应，为后续学习热力环流原理打下基础。

又如，在"地区产业结构变化"的教学中，教师播放"杨浦近代工业的衰落"视频，发现视频中的转折：曾经创造百年辉煌的杨浦工业因为增速缓慢、效益下降而走向衰落。此时，教师提问学生：杨浦的传统工业为什么会在20世纪90年代走向衰落？通过提问制造认知冲突，为什么是在这样一个时间点，杨浦的传统工业走向了衰落？由此引发学生的认知失衡，进而通过相关图表资料的查阅，获得依据，解决问题。经历这样一个认知失衡，并主动查阅资料的过程，学生对于工业区位条件的变化有了更为深刻的理解。

(2) 通过课堂活动暗设认知冲突

课堂活动是教育过程中重要的一环，它能够巧妙地暗设认知冲突，激发学生的探究欲望。教师通过设计具有挑战性的活动，如角色扮演、辩论赛或实验探究，可以让学生在活动中自然地遇到不同的观点和信息，从而产生认知上的冲突。这种冲突不是直接呈现的，而是通过学生的亲身体验和互动逐渐显现的。学生在解决活动中的问题时，会不断地比较、分析和整合信息，这个过程促使他们主动思考，挑战并可能改变原有的认知结构，从而实现深层次的学习。

例如，在"热力环流"寻找冷源地和热源地的活动中，有的学生将机场归为城市的冷源地，有的同学将机场归为城市的热源地，在小组交流的过程中，自然产生了上述认知冲突，教师分别请同学发表了观点，发现选择冷源地的学生认为如果机场的飞机都起飞了，机场人不多的情况下，有可能成为城市的冷源地；而选择热源地的同学认为机场很繁忙，人员繁多，大多时间是城市的热源地。由此，教师从中找到了一个共同点，即机场究竟是城市的冷源地还是热源地，其实取决于机场的繁忙程度与人员密集程度，一般而言，大城市的机场交通应该较为繁忙，人员活动密集，多为城市的热源地。

该环节中，教师并未直接说明两位同学谁的回答是正确的，通过同学们各自发表观点，引导同学们辩证地看待问题，进而找到大家都能认可的判断依据，相较于直接判定对错，这样更有意义。通过这一判定依据的建立，同学们还可以迁移到对其他地点的判断中，进而能够更辩证、更完整地表述自己对于城市冷、热源地的理解，对后续热力环流原理的学习起到了很好的铺垫作用。

(3) 通过课堂讨论生成认知冲突

课堂讨论是促进学生思维发展的重要手段，它能够有效地生成认知冲突，推动学生的认知发展。在讨论中，教师鼓励学生自由表达自己的观点和想法，同时倾听他人的意见。当不同的观点和理论相互碰撞时，学生可能会发现自己的认知与他人或主流观点不一致，这种不一致性便构成了认知冲突。这种冲突促使学生重新审视自己的思考过程，通过逻辑推理、证据支持和批判性思维来解决分歧。通过这样的讨论，学生不仅能够深化对知识的理解，还能够培养独立思考和解决问题的能力。

例如，在"地区产业结构变化"的教学中，教师布置课堂讨论：当传统工业转出以后，杨浦产业转型的方向在哪里呢？

在第一轮交流的过程中，教师发现全班所有的小组都是以发展第三产业为主导方向，这与教师原本预设的多样化答案并不一致,但却外显了另一个相异构想,即产业结构调整的方向就是第三产业比重越高越好。

因此,教师选择课堂临场改变教学方案,借用新生成的认知冲突,先邀请一个小组上台交流,在小组交流之后,询问其他小组是否与该小组想法一致,在全班都表示想法相似之后,适时进行追问:"是不是一味地去追求第三产业的发展就一定是最好的?"进而生成课堂的认知冲突,引发学生的进一步思考,开启第二轮课堂讨论。

经过两轮讨论和交流,开始有小组提出不同的观点,即可以利用杨浦的高校、科技等优势发展高端制造业,实现第二产业内部的产业结构升级。

因此,利用好课堂生成的认知冲突,激发课堂讨论,不仅能够帮助学生转变原有的相异构想,还能在生生、师生的互动中培养学生更完整、辩证地看待地理问题。

(三) 设计指向学习进阶的单元复习课作业

1. 明确作业定位,规划进阶路径

复习课作业与新授课作业不同,新授课作业往往是教师首次教授某些知识点之后布置的作业,而复习课作业往往是在学生某一阶段学习之后布置的作业。从作业目标而言,新授课作业重在对新授课知识的理解和掌握,而复习课作业重在对已有知识的巩固和综合应用。因而,新授课作业偏重基础知识练习,从而加深学生对于新知的理解,而复习课作业则偏重对知识的整合与迁移应用。复习课作业又是在复习课之后布置的作业,其作业内容与复习课上复习的内容具有较强的关联性,同时,复习课作业中的迁移应用又是基于复习课内容的进一步深化,是学生再学习、再提升的过程。

复习课作业进阶的起点应当在于学生已有的基础知识和理解水平,并能够将对已有知识的综合理解迁移应用至新的情境中解决问题,最终指向进阶的终点,即落实《普通高中地理课程标准(2017 年版 2020 年修订)》中本单元的"学业要求"。此外,单元复习课作业又是针对单元复习课教学设计的作业,因此它还具有检测反馈单元复习课学习效果的功能。

因而,在单元复习课作业设计中,教师往往需要告知学生我们已有的知识基础,在这些已有知识的基础上进行整合,形成单元复习课的教学内容;在单元复习课的基础上设计对应的单元复习课作业,最终指向课程标准中的"学业要求"。

例如,在设计"自然地理基础"单元复习课作业时,教师先写了一段前言:本单元我们以地球知识为主干,侧重于自然地理原理性知识内容,并贯彻人地协调发展理念。我们主要学习了五大模块内容:地球运动,岩石圈与地表形态,大气圈与天气、气候,水圈与海—气相互作用,自然地理特征。

由此,引导学生回顾本单元主要学习的内容,而接下来的复习课教学将融合这五大模块的内容,开展综合复习。

2. 创建梯度衔接，进阶思维深度

学生学习的深化与关键技能的提升是学业进步的关键指标之一。尽管教师在布置作业时常常利用不同难度级别的题目来增强学生的解题技巧，但实际成效往往未能达到预期。造成这一现象的部分原因在于，教师在作业设计时对于"难度等级"的安排存在误解，未能成功构建帮助学生实现层次跨越的"过渡点"。另外，缺乏实践性和开放性的作业限制了学生高阶思维的发展潜力。因此，建立有层次的难度模块，形成有效的过渡"衔接点"，并设计多样化的作业，将有助于学生在思维深度上取得更高层次的进步。

例如，在单元复习课作业设计中，教师设计了如下三个梯度模块。

（1）课堂回顾，知识梳理

该模块主要的功能在于检测和反馈复习课的学习效果。教师通常会采用知识点填空的形式。复习课上，教师带领学生共同回顾了教材的重点知识，课后，则需要学生独立思考，回顾课堂内容，并深化对教材知识的理解，为下一模块的迁移应用奠定基础。

（2）举一反三，迁移应用

该模块承接上一模块的内容，是评估学生对于教材重点知识的迁移应用能力。因此，需要创设不同于教材案例的情境。如教师在设计选择性必修二"区域发展"单元的作业时，教材在"大都市辐射"部分选择了上海作为案例进行分析，教师则使用了"杭州"作为案例素材创设试题情境，以评估学生对于从区域组织视角分析大都市对外辐射功能作用的影响。

（3）实践操作，体验感悟

该模块以核心素养培育为目标，推动学生借助资料的查阅、相关地理软件的操作等手段，对一些真实、不良结构的地理问题进行分析、阐述或评价。因此，这一模块中，教师往往会设置一些开放性的实践任务，如查阅统计年鉴、绘制统计图表、操作地理软件、完成地理小实验等，指向的是学生地理实践力、综合思维、区域认知等综合素养的培育。在此过程中，发展学生的批判性思维和创造性思维等高阶思维能力。

3. 创设层级情境，进阶思维广度

相比于思维深度，思维的广度更加注重对地理问题的多角度和整体性探讨。在常规教学中，教师经常重视单次课时作业难度的逐渐加大，却往往忽略课时之间作业的连贯性与递进性，这种设计往往使得学生在知识掌握和思维提升上出现断层，难以实现系统的能力跳跃。因此，在作业设计上，不仅要保证单次课时作业难度的逐步提升，还要关注不同课时之间知识联系和能力发展的连续性。

从教材《区域发展》的编写思路来看，第一单元是对区域的总体认识，第二单元是从区域特征出发分析区域发展状况，第三单元则是从区域间联系的角度讲述区域发展的方向。可见，教材清晰展现了由小尺度区域到大尺度区域的尺度进阶，符合课程标准中情境由简单到复杂的进阶理念。

　　教材采用"主题＋案例"的编写方式，通过案例阐述不同类型区域发展的特征与方向，但教材各案例之间相对独立，没有连贯性。因此，在单元复习课作业的情境创设中，教师力图形成情境线索，以实现学生自然连贯的层级进阶，培养思维广度。

　　例如，在"区域协调合作"单元，教师以"新疆"作为单元案例的主线，通过塔里木河流域协调合作、纺织业东锭西移、西气东输工程以及中欧班列四大与新疆相关的主题案例作为"区域协调合作"四个课时的课后作业。通过新疆内部、新疆与我国东部地区、新疆与全球其他区域不同尺度的区域联系串联单元整体教学内容，既是对教材内容的迁移应用，又是从尺度思想的角度帮助学生建立自然连贯的层级进阶。

4. 设计多样题型，提供进阶支架

　　与选拔和评价性质的考试题目不同，作业是学生在学习过程中不可或缺的工具，其题目设计可以更加多样、灵活。学生在做作业时其实是在重温并提升学习能力，所以作业题目的设计应考虑到学生现有的知识水平和能力，利用各种题型的搭配，帮助学生搭建学习提升的阶梯。

　　简答题是地理考试中常见的题型，相较于客观题，往往具有能够外显学生思维过程，评价学生综合分析、逻辑思维能力等优势，但也具有答题时间长，难度较大的劣势。在作业设计中，若简答题的数量过多，可能会增加学生的作业负担，并且降低学生答题的积极性。

　　因此，教师在作业设计中可以对部分简答题进行题型的变换，如将简答题变为框架图填空题。相较于简答，框架图填空给学生提供了一个结构化的答题框架，便于学生更快地定位到所需填写的关键内容，从而减少阅读理解的时间，也为培养学生的结构化思维提供了支架。

　　例如：分析2022年卡塔尔世界杯在冬季举办的原因，完成逻辑框图。

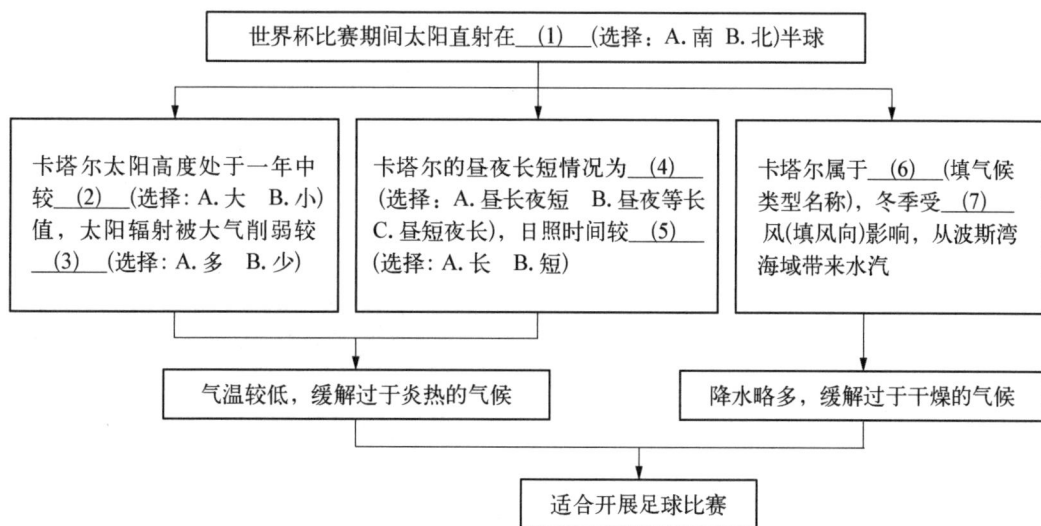

本题原本是一道简答题,重在评估学生对于地球公转地理意义和大气环流相关知识的掌握情况。但实践中发现大部分学生无法完整表述原因,因而教师通过框架图的搭建引导学生答题,既通过填空检测学生对于关键知识点的掌握情况,又通过框架图的整体引导,指导学生回答问题的一般思路和角度。

5.开展多维评价,引导素养进阶

作业评价对学生的学习过程来说是一个关键的反馈环节,对他们的认知进步有着重要作用。在传统的作业评价中,人们常常只重视作业的准确度,却忽略了学生在完成作业时所展现的核心能力和素养。因此,对于开放性、实践性较强的作业,教师可以采用多方面的评价标准,目的是更全面、更公正地评估学生的学习能力和素养水平,同时指导他们向更高的素养层次发展。

例如,交大附中的潘远真老师就"一带一路"倡议与国际合作内容设计了名为"城市建设游戏"的课后作业。其最后的评价分别从个人成就、团队成就和活动思考三个模块对学生进行评价。

评价项目		水平等级表现	学生自评	学生互评	教师评价
游戏成就	个人成就	水平1:对资源的运营能力有待提高,建成1个城市			
		水平2:有一定的资源运营能力,通过适当的策略最终建成2个城市			
		水平3:有较强的资源运营能力,通过优秀的策略布局最终建成超过2个城市			
	团队成就	水平1:小组成员合作程度较低,贸易往来少,小组成员沟通不足,城市数量小于或等于6个			
		水平2:小组成员有一定的资源调配和区域合作,贸易较多,小组成员沟通顺畅,城市数量大于6个但少于或等于8个			
		水平3:小组成员有充分的资源调配和区域合作,贸易频繁,小组成员沟通顺畅,城市数量大于8个			
活动思考		水平1:不能对各个阶段影响小组资源分配效率的原因进行合理分析			
		水平2:对各个阶段影响小组资源分配效率的原因有一定分析			
		水平3:能够正确分析各个阶段影响小组资源分配效率的原因,并且能够联系游戏内容,分析真实世界中国际合作的重要意义			

三、单元教学案例

（一）案例

"区域发展过程"单元教学设计

1. 单元教学内容分析

本单元选自高中地理选择性必修二第 2 单元"区域发展过程"，主要内容是在第 1 单元"区域发展差异"认识区域的概念和类型的总体认识基础上，分别认识不同类型的典型区域的发展，是总体认识后的分述，包括认识大都市、产业结构变化的地区、资源枯竭型城市、生态脆弱区四类区域的产生和发展，并为第 3 单元认识区域之间的联系奠定基础。

参考《上海市高中地理学科教学要点与单元实施》(选择性必修)，大致梳理内容要求如下：

内　　容	要　点　提　示	要　点　示　例
大都市的对外辐射 案例：上海	大都市 区域空间组织 大都市的辐射功能	结合实例，说明大都市的划分标准 结合图文资料，分析大都市的形成过程，并从空间组织的视角说明大都市的辐射功能
地区产业结构的变化 案例：京津冀地区	地区产业结构 产业结构转型	说出地区产业结构变化的一般规律 结合实例，说明地区产业结构的调整 以京津冀地区为例，分析地区产业结构变化的过程及原因
资源枯竭型城市的转型 案例：辽宁省阜新市	资源型城市与资源枯竭型城市 资源枯竭型城市发展的方向	说出资源型城市和资源枯竭型城市的含义 以阜新市为例，分析资源枯竭型城市存在的问题以及转型发展的方向
生态脆弱区的治理 案例：黄土高原	生态脆弱区 生态脆弱区的环境与发展问题 生态脆弱区的综合治理措施	了解生态脆弱区的含义，说出其在我国的主要分布地区 以黄土高原为例，分析生态脆弱区的形成原因、面临问题及其综合治理措施

2. 单元学情分析

（1）学生对区域概念的理解：学生在第 1 单元已经学习了区域的概念，对区域的划分标准和特征有了一定的认识，这为学习本单元不同类型的典型区域提供了基础知识。

（2）学生对区域发展差异的认识：通过第 1 单元的学习，学生已了解我国区域发展的差异，对各地区的发展特点有了初步的了解，这将有助于学生在本单元对不同类型区域的发展进行比较分析。

（3）学生对地理现象的观察和分析能力：学生在之前的地理学习中，已经积累了一定的地理观察和分析能力，能够对地理现象进行简单的解释和预测，这将为学习本单元中各类典型区域的发展过程提供支持。

（4）学生对资源枯竭型城市和生态脆弱区的认识：在现实生活中，学生对资源枯竭型城市和生态脆弱区可能有所耳闻，但对其产生和发展的原因、特点和解决方案等方面的认识可能较为模糊，需要通过本单元的学习加以深化。

综上所述，学生在学习本单元时已经具备了一定的地理基础知识和观察能力，但在对不同类型区域的发展过程和特点的理解上还存在一定的不足，需要教师在教学中引导学生进行比较、分析和归纳，以提高学生的地理素养。

3. 单元教学重点和难点

单元教学重点：大都市的对外辐射、地区产业结构变化的过程和原因、资源枯竭型城市存在的问题和发展方向、生态脆弱区的成因和综合治理措施。

单元教学难点：理解长三角的区域组织、地区产业结构变化规律、资源枯竭型城市产生的原因、生态脆弱区的成因。

4. 单元教学目标

（1）分析大都市的形成过程，并从空间组织的视角说明大都市的辐射功能；

（2）分析地区产业结构变化的过程和原因；

（3）分析资源枯竭型城市存在的问题以及转型发展的方向；

（4）分析生态脆弱区形成的原因、面临的问题及其综合治理措施。

5. 单元设计思路与课时安排

（1）单元教学设计思路

本单元以"概念"作为单元教学的主线，以"什么是区域发展""区域发展有什么特点"引导整个单元的教学，并以区域尺度为视角对案例进行学习重组，分别选择浙江杭州、内蒙古鄂尔多斯、安徽铜陵、云南云龙县为区域案例，开展不同类型区域发展过程的学习。

（2）单元课时安排

教 学 内 容	课时安排
大都市的对外辐射	1课时
地区产业结构的变化	1课时
资源枯竭型城市的转型	1课时
生态脆弱区的治理	1课时

6. 单元学习活动设计举例

（1）单元学习活动设计意图

本单元学习活动的设计，旨在希望学生能够运用地理信息技术和其他地理工具，通过案例分析、资料搜集等方式,认识区域发展的地理条件和现状(地理实践力);能够根据区域的发展条件和现状,分析区域发展过程中面临的问题及原因(综合思维、区域认知);能够从因地制宜、人地协调的角度,对区域发展路径和综合治理措施的选择做出简要解释(人地协调观)。

(2)单元学习活动内容

教学内容	课时学习活动
大都市的对外辐射	活动1:通过杭州市地理位置示意图、长三角部分地区人口规模示意图,讨论杭州成为大都市的区位优势有哪些? 活动2:利用ArcGIS缓冲区分析功能展示"上海金融辐射范围示意图",讨论上海大都市辐射的主要区域可能包括哪些地区?
地区产业结构的变化	活动1:结合鄂尔多斯的地理位置,通过平板电脑桌面上的"文件管理—内部存储—鄂尔多斯学习包"中的相关资料,完成鄂尔多斯的区位条件分析 活动2:讨论按照鄂尔多斯目前的产业模式,鄂尔多斯市往后十年的发展前景如何?可能会出现什么问题? 活动3:讨论AI给出的鄂尔多斯产业发展方向,哪些是合理的,哪些是不合理的?
资源枯竭型城市的转型	活动1:阅读专题地图,描述铜陵的地理环境特征 活动2:依据铜陵的地理环境特征评价其经济发展的优势和不足 活动3:查阅"天地图"中的统计年鉴数据,分析枞阳县加入铜陵之后对铜陵市社会经济发展的意义
生态脆弱区的治理	活动1:阅读云龙县地理位置图、地形图、气候图等资料,分析云龙县自然地理特征,理解生态脆弱性表现,构建知识框架 活动2:基于生态脆弱性分析,选取云龙县生态脆弱性的主要影响因子,借助GIS软件,开展区域生态脆弱性评估 活动3:基于云龙县生态脆弱性评估结果,进行空间规划,提出区域可持续发展建议

(3)部分学习活动举例

同济一附中的葛芳老师在"生态脆弱区的治理"中设计了如下学习活动。

活动2:运用GIS软件进行生态脆弱性评估。

操作步骤:1. 为评价指标赋权重;2. 对数据进行重分类处理;3. 利用ArcGIS软件进行空间分析;4. 基于软件输出的生态脆弱性空间分布图,对不同区域提出可持续发展建议。

【设计意图】在ArcGIS软件中,对多个要素进行分析,实现区域生态脆弱性评价,依据评价结果,找出云龙县的生态保护空间、城镇发展空间和农业发展空间,提升地理实践力。结合云龙县环境特征和生态脆弱性评价,针对不同发展空间,提出可持续发展措施;了解同济大学定点帮扶云龙县的故事,树立深厚的家国情怀。

区域空间类型	发 展 建 议
生态保育区	
农业和城镇发展区	

【活动评价】

(1) 解决问题的能力：能够运用所学知识，分析云龙县生态脆弱的原因，并结合可持续发展理念，为云龙县的发展提出合理性建议；

(2) 信息处理能力：运用 ArcGIS 软件，开展地理数据的重分类处理和栅格计算；

(3) 合作学习能力：能够对学习保持热情，拥有克服困难的意志品质，能够主动与小组成员交流。

7. 单元评价设计

铜陵因铜得名、以铜而兴。20 世纪 90 年代，铜产业产值一度撑起全市 90% 的经济总量，但近年来，以铜官山为代表的铜矿石产量逐渐降低。2009 年，铜陵被列为全国第二批资源枯竭型城市后，积极承接产业转移，吸引高端铜产业链上下游产业落户，进一步延伸铜基新材料产业链，建设国家级先进结构材料产业集群。

(1) 与德国鲁尔区相比，铜陵的区位优势有(   )

A. 水陆交通便利　　　B. 消费市场广阔　　　C. 生产历史悠久　　　D. 国家政策支持

(2) 铜陵市铜矿开采与加工的有利自然条件是_____(A. 矿产资源丰富　B. 水电价格低廉)，近年来，多个大型锂电铜箔项目落户铜陵的主导区位因素是_____(A. 土地价格　B. 产业基础)。

(3) 关于铜陵市转型发展的措施，合理的是(   )

① 提高第一产业比重，发展特色农业　　　② 扩大铜矿开采冶炼，发展海外市场
③ 打造生态园林城市，发展特色旅游　　　④ 承接东部产业转移，提升产业层次
A. ①②　　　　　　B. ②③　　　　　　C. ③④　　　　　　D.①④

(4) 近年来，铜陵市对下辖长江以北的枞阳县县区经济增长的辐射带动能力较弱。结合材料分析其原因。

_____

_____

_____

（二）评述与建议

1. 亮点特色

（1）案例驱动的教学设计：本单元教学设计通过选取具有代表性的案例，如上海、京津冀地区、辽宁省阜新市和黄土高原，将抽象的区域发展理论具体化，增强了学生对知识点的理解和记忆。这种案例驱动的教学方法有助于学生将理论与实践相结合，提高学习的兴趣和效果。

（2）地理信息技术的应用：教学设计中明确提出了运用 ArcGIS 等地理信息技术工具，这不仅能够提升学生的地理实践力，还能培养学生的信息处理能力和空间思维能力。通过实际操作地理信息系统，学生能够更直观地理解区域发展的过程和特点。

（3）综合思维与区域认知的培养：通过分析不同区域的发展过程和面临的问题，教学设计旨在培养学生的综合思维和区域认知能力。这种教学方法有助于学生从多角度、多层次理解区域发展的复杂性，为未来的学习和工作打下坚实的基础。

2. 设计与实施中需要注意的问题

（1）教学资源的整合与优化：教学设计中提到了多种教学资源和工具，如案例资料、GIS软件等。在实际教学中，教师需要对这些资源进行有效整合，确保资源的合理利用和优化配置。

（2）学生能力的差异化教学：学生在地理信息技术应用等方面的能力可能存在差异。教师应根据学生的实际情况，设计差异化的教学活动，确保每个学生都能在适合自己的节奏下学习。

（3）教学反馈与评估：教学设计应包含对教学效果的评估机制，通过定期的反馈和评估，及时调整教学策略，确保教学目标的实现。

本单元教学案例在破解学科单元教学关键性问题上提供了有效的策略和方法，特别是在案例驱动教学和地理信息技术应用方面。这些方法和策略不仅有助于提高学生的学习效果，也为教师提供了教学设计的参考。未来，教师可以进一步探索如何将这些教学方法与学生的个性化学习需求相结合，以及如何利用现代教育技术提高教学的互动性和趣味性。同时，教师也应关注教学评估和反馈机制的建立，以持续优化教学设计，提高教学质量。

第四章 促进学生核心素养培育的学科教学建议（高中信息技术）

上海市杨浦区教育学院 白晓琦

一、单元教学关键问题分析

（一）问题的提出

1. 在信息技术学科中，将深度学习和单元学习设计融合的切入点在哪里？

在双新背景下，单元学习设计在促进学生学习方面优势诸多。例如，单元学习设计通常以某个主题或问题为核心，通过创设单元主题情境，围绕这个情境展开学习。这种学习方式能够激发学生的学习兴趣和探索知识的好奇心，有助于学生更好地理解和掌握知识，学生能够将所学知识联系起来，形成一个完整的知识体系，同时也能将所学知识应用到实际问题中，提高其知识迁移和应用能力。同时通过学习活动的设计，给学生提供合作学习的机会，培养学生的自主学习能力和合作精神，提高其学习积极性和参与度。单元学习设计往往包含一些具有挑战性的问题或任务，需要学生运用所学的知识和技能进行思考和解决，提高其综合素质和创新能力。

在高中信息技术学科中，深度学习指的是一种基于理解、联系、迁移和应用的学习方式，它鼓励学习者积极地探索、反思和创造，而不是简单地记忆或背诵知识。深度学习强调学习者批判性地学习新思想和知识，将它们纳入原有的认知结构中，并将已有的知识迁移到新的情境中，以帮助决策和解决问题，即学生需要对新知识有深入的理解，能够建立起知识之间的联系体系。深度学习的方式有助于提高学生的信息素养和综合能力，培养学生的创新精神和实践能力，帮助学生更好地适应未来社会的需求和发展趋势。

因此，从理论的角度来说，深度学习和单元学习设计这两种方式有诸多可融合之处，从哪些教学环节切入能够更好地将两者融合进教学设计，是实际教学过程中面临的首要问题。

2. 如何从学习者视角进行单元学习设计，以促进学生深度学习？

普通高中信息技术新课程标准倡导以学生为中心，以大单元的形式开展教学。首先，从学习者视角出发，强调了学生的主体地位。在传统的教学模式中，教师往往占据主导地位，而学生则处于被动接受知识的状态。然而，在新课标的倡导下，学生应该是学习的主体，越来越多的教师也充分认识到学生主体地位的重要性。其次，深度学习是相对于浅层学习而言的，深度学习强调学生对知识的深入理解、批判性思考、知识迁移和应用能力。最后，从学习者视角进行单元学习设计，如在单元学习中可通过问题链的设计来促进学生的深度学习。一方面，问题链设计能够使学生在问题的引领下主动探究、学习和构建知识，促进学生的深度探究与思考，强调了学生的主体性和探究性,能够有效激发学生的好奇心和求知欲,有助于提高学生的学习效果。另一方面,通过一系列相互关联的问题,学生能够将所学知识串联起来,形成系统化和全面化的知识体系,有利于拓展学生的思维深度和广度,培养学生独立思考和解决问题的能力。

然而,在实际教学中,许多教师在进行单元学习设计时仍然容易出现忽视学生的问题。例如,部分教师设计的单元主题情境易与学生实际生活脱节,学生缺乏相应的生活经验,难以引起共鸣和兴趣,从而导致学生对问题不理解、学习目标难以达成。再如,教学过程缺乏与学生的互动。在单元学习过程中,部分教师即使设计了一些师生互动环节,但却流于形式,无法真正激发学生的学习兴趣和参与热情,导致学生无法充分发挥自己的主体性和创造力,影响学习效果。

因此教师在进行单元学习设计时,如何充分关注学生的主体地位和需求,采用合适的、多样的教学方法,以促进学生的全面发展和深度学习,是"双新"背景下教学设计过程中的重点与难点问题。

3. 在信息技术学科中,指向深度学习的单元学习设计的可复制、可借鉴的实施路径是什么?

普通高中信息技术课程标准中提出了信息技术学科的核心素养,包括信息意识、计算思维、数字化学习与创新、信息社会责任,学科核心素养的培养能够为学生适应未来社会的发展奠定坚实的基础。

深度学习是提高学生信息技术素养、培养学生学科核心素养的关键途径。通过深度学习,学生能够更好地理解学科知识,掌握解决问题的能力。在当前高中信息技术学科教学中,存在着一些亟待解决的问题,如学生学习兴趣不高、认识问题浮于表面等。指向深度学习的单元学习设计可以为解决这些问题提供有效的思路和方法。

探索并总结出一套可复制、可借鉴的指向深度学习的单元学习设计实施路径,不仅对于提高信息技术学科的教学质量具有重要意义,还能够为广大一线教师提供实用的教学指导,促进学科教学的持续改进和创新。

(二) 问题的价值

1. 单元设计与深度学习的融合:理论与实践的突破点

信息技术学科的单元学习设计应以引领性主题为核心,如"认识人工智能——新技术支持下的艺术画展之旅"。该主题不仅能够激发学生的好奇心和探究欲望,还能够跨学科整合计算机科学、数学和伦理学等知识,促进学生从多个视角理解并解决问题。通过设计挑战性任务,如"识别鸢尾花的种类",可以促使学生开展高水平的思考和实践。

信息技术学科本身就是一个不断变化的领域,将深度学习的理念融入其中,不仅需要梳理、整合学习内容,更需要对教学方法进行革新。从学习者视角出发,设计单元学习时,教师需要考虑如何将理论知识与实际应用相结合,如何通过项目式学习、问题解决等方式激发学生的探究兴趣和创新能力。这种融合不仅有助于学生掌握信息技术的基础知识和技能,更能培养他们的批判性思维、解决问题的能力以及终身学习能力。从教学目标来看,这将帮助学生在信息技术领域内形成系统的知识结构和应用能力;从育人目标来看,这将促进学生全面发展,使其能够适应时代的变革,成为具有创新精神和社会责任感的公民。

2. 学习者视角的单元设计:促进深度学习

从学习者视角进行单元学习设计,关键在于设计引领性的单元主题,让学生成为学习的探索者。选择与学生生活密切相关且具有挑战性的任务主题,如"实现照片上多人的人脸检测功能"。通过这样的主题,学生能够看到学习的实际应用价值,从而产生内在的学习动力。同时,创设挑战性的任务,如"利用某平台实现美术作品识别的智能系统训练",这不仅要求学生应用所学知识,还需要他们进行创新思考和团队合作,从而提升问题解决能力。这些学习设计不仅能够提升学生的信息素养和技能,还能够培养他们的合作精神、沟通能力和自我管理能力。

深度学习的核心在于学生的主动参与和深入思考。在信息技术学科中,学习设计需要从单一知识点的传授转变为多维度、多角度的知识探究。通过设计富有挑战性的学习任务,鼓励学生进行跨学科的思考和实践,帮助学生建立起知识之间的内在联系,形成更为全面和深入的理解。从教学目标来看,可以促使学生在掌握信息技术学科知识的同时,灵活运用这些知识解决实际问题;从育人目标来看,这将促进学生可持续发展和社会适应能力的提高。

3. 指向深度学习的单元学习设计:可复制、可借鉴的实施路径

指向深度学习的单元学习设计应包括模块化的设计、任务进阶的学习、新技术的支持和反馈机制的建立。例如,按照教材内容,将单元教学内容划分为若干模块,每个模块围绕一个重要概念或技能展开。基于任务驱动的学习,通过符合主题的实际任务引导学生在解决问题的过程中学习和应用知识。利用现代信息技术平台,提供开放的学习环境和多样化的学习资源,如在线人工智能训练平台、生成式人工智能和视频资源等。同时,建立持续的反馈机制,通过阶段性评价和总结,帮助学生不断调整和改进学习方法。

在信息技术学科中,指向深度学习的单元学习设计需要明确、可行的实施路径。这不仅包括具体的教学内容和方法,还需要考虑如何评估学生的学习效果,如何调整和优化教学策略。通过借鉴和复制成功的教学案例,教师可以更有效地设计和实施单元学习,确保每个学生都能在深度学习的过程中受益。这种实施路径不仅有助于提升教师的教学能力,还能够为学生提供更加丰富和多样化的学习体验。从教学目标来看,这将帮助学生在信息技术学科中形成扎实的知识基础和技能;从育人目标来看,这将促进学生综合素质的提升,促进创新能力和批判性思维的发展。

解决上述问题,不仅能够提升学生的信息技术素养,还能够促进他们的全面发展。教师的

教学能力也将在这个过程中得到提升,从而更好地支持学生的深度学习。这不仅有助于实现具体的教学目标,更能够为学生的长远发展奠定坚实的基础。

二、单元教学关键问题解决

在新课标和新教材的背景下,为了有效探索如何通过单元学习设计实现深度学习,教师们的单元学习设计应当围绕深度学习理论展开,以此提升教学质量和学生的学习效果。深度学习理论强调对知识的深层次理解和应用,可以从以下三个问题展开研究。

(一)深度学习和单元学习设计融合的切入点在哪里?

1. 确定引领性主题

引领性主题是单元学习设计的核心,要求教师围绕一个宏大、重要的问题组织教学内容。这类主题应能激发学生的好奇心和探究欲望,并能够与实际生活或未来工作联系紧密。引领性学习主题的确定,凸显了单元学习内容的重点。在高中信息技术学科教学中,教师要围绕引领性单元学习主题建构每一课的学习任务框架,强化单元学习主题的引领性作用,落实学生信息技术核心素养的培养。

本单元学习设计的主题为"认识人工智能——新技术支持下的艺术画展之旅"。这样的主题不仅具备引领性,还能够跨学科地整合计算机科学、数学和伦理学等知识,促使学生从多个视角理解并解决问题,使信息技术核心素养的落实更加具体化和整体化。

本单元学习主题以学校社团组织参观艺术画展,在参观过程中体验到各种人工智能技术为背景,该主题关注了本单元涉及的教学知识结构、课标要求和学科核心素养,也关注了学生在生活中的已有知识经验和学习兴趣,并且符合真实的学生生活经历。在参观画展的过程中从多角度切入本单元核心知识:小申在入口处体验到的人脸识别检票机这一情境对应的核心知识是计算机视觉应用,小申用手机扫一扫获得画作信息和鸢尾花种类分类这一情境对应的核心知识是人工智能发展历程和机器学习,小申使用生成式 AI 绘制画作这一情境对应的核心知识是人工智能的作用及影响。本单元学习主题贯穿整个单元学习过程,激发学生参与的积极性,从而引发学生的深度学习。

综上所述,基于新课标和教材内容的,符合学生学情和生活实际相关的,有指导示范作用的单元学习主题才能称之为引领性单元学习主题。而引领性单元学习主题有助于改变教师单向灌输的授课方式,有助于建构起教材内容、课标与学生实际学习需求间的关联点,也有助于学生在发现、实践、体验中落实信息技术核心素养,帮助学生形成计算思维、运用数字化工具解决问题、理解和反思人与技术及社会之间的关系、明确自己在数字时代所应具备的伦理道德,从而塑造能够承担社会责任的数字公民身份。

2. 设计挑战性学习任务

深度学习要求学生经历挑战性学习任务,经历真实情境下的问题解决过程,以此发展高阶思维,培育核心素养。因此,经历挑战性学习任务是达成深度学习的关键路径之一。挑战性学习任务是以促进学生深度学习为目的,以真实情境中的问题为驱动,让学生调用已有知识与经验、经历难度适宜的问题解决过程的学习任务。挑战性的学习任务有以下几大特征。

一是基于真实问题情境。挑战性学习任务应由真实情境中的问题来驱动,让学生面对真实情境下的问题,激发内驱力,在问题解决过程中构建结构化的知识体系,培育知识迁移能力。**二是关联学科核心概念。**教师应注重引导学生在参与活动的过程中调用已有知识与经验解决活动中的问题,将知识与经验结构化,从而深入理解学科核心概念,以此提升知识与经验的迁移运用能力。**三是让学生经历持续性的探究活动。**挑战性学习任务具有一定的复杂性,通常难以在较短时间内完成,教师需要把任务分解为多个支持性活动,让学生经历持续性的探究活动,引导学生通过一系列活动的进阶学习完成挑战性学习任务。**四是发展学生的高阶思维。**挑战性学习任务重在发展学生的高阶思维方面,通常具有一定难度。在开展任务前,教师要设计"知识提取"等低阶学习策略和"比较""分析"等高阶学习策略,帮助学生形成相应的学习基础。在完成任务的过程中,教师还需采用"系统分析""问题解决"等高阶策略,支撑学习任务的开展。

例如,教师在设计单元第二课时"AI识画——初识机器学习"的教学时,以小申参观画展时通过手机扫一扫识别画作信息为情境,提出问题"为什么用手机扫一扫就能识别出画作"。这一情境贴近学生生活,能够激发学生的兴趣和探究欲望,使他们在真实问题中体验机器学习的应用,让学生在熟悉的情境中感受技术的魅力,引发他们对技术背后原理的好奇心和探究欲,为深度学习和单元学习设计的融合提供了适宜的切入点。

在探究过程中,学生需要了解机器学习的一般过程,这关联到信息技术学科中的核心概念,如测试数据、训练模型等。教师通过"人类学习与机器学习有什么异同"的问题,引导学生将人类学习与机器学习进行对比与迁移,梳理得到机器学习的过程。在此学习过程中,教师基于深度学习理论中的"经验与知识的相互转化",将学生已有的经验与新经验(知识)建立联系,从而使学生与知识建立意义关联,帮助学生对机器学习产生初步的认识,建构出自己的知识结构,提升学习及知识迁移能力。挑战性任务的设计应紧密围绕学科核心概念,通过实际操作和问题解决,帮助学生将这些概念内化为自己的知识体系。

学生首先通过教师引导了解机器学习的基本概念,然后使用某软件进行模型训练,并在训练过程中发现模型不准确的问题,进而通过优化方案提高预测准确率。这一系列活动具有层次性和持续性,引导学生逐步深入探究。将复杂的学习任务分解为多个子任务,每个子任务都是对前一个任务的深化和拓展。这种持续性的探究活动设计,需要学生经历持续思考及进行方案迭代,形成相应的合理解决方案,有助于学生在逐步深入的过程中形成对知识的系统性理解,从而促进深度学习和单元学习的有效融合。

学生在分析模型预测不准确的原因、总结影响模型准确率的因素,并提出优化方案这一过程中,需要具备批判性思维、问题解决能力和创新能力等高阶思维能力。挑战性任务的设计应具有一定的难度和开放性,鼓励学生进行深度思考和多元探索。通过引导学生分析问题、提出解决方案并进行反思和总结,可以有效发展学生的高阶思维能力,这也是深度学习和单元学习设计融合的重要目标之一。

在信息技术学科中,将深度学习和单元学习设计融合的切入点在于选择贴近学生生活、能够激发他们兴趣和探究欲望的真实情境作为学习背景;设计紧密围绕学科核心概念、具有层次性和持续性的挑战性任务作为学习载体;鼓励学生通过深度思考和多元探索发展高阶思维能力;最终实现学生对知识的系统性理解和应用能力的全面提升。**挑战性学习任务应由真实情境中的问题来驱动,让学生面对各种真实情境下的问题,以此激发学生的内驱力,充分调用已有的知识与经验解决相应的问题,并在问题解决过程中形成结构化的知识体系,深入理解学科核心概念,形成知识迁移能力,实现核心素养的发展与提升。**

3. 创建开放性学习环境

开放性学习环境是促进深度学习的重要条件之一。这种环境包含了多种学习资源和工具,可以通过创设情境、提供多样化的学习材料、利用网络资源等方式实现。教师可利用信息技术创建一个开放性学习环境。开放性学习环境有以下特征:一是整合多样化的学习环境。创建灵活的、富有美感的、激发创新可能的课堂物理环境;借助家庭、科技馆、博物馆、实地场景等校外非正式学习环境开展学习活动;充分利用支持混合式学习的数字化学习环境。二是提供有效的学习支撑,例如提供纸质资源、电子资源和人力资源等多样化学习资源;为学生查找、获取、处理、解释和评价等提供搜索工具、处理工具和交流工具;提供概念支架、元认知支架、过程支架和策略支架;建立学习社群,促进学生互动、协作和交流,引导学生与教师共同创建学习资源。三是创建安全的心理环境,尊重并理解学生的观念和体验;发展激励策略,提供心理支持。

在本单元的课时设计中,教师引入在线人工智能系统训练平台、生成式人工智能平台、学科视频资源等,使学生可以自主探索和协作学习。课时安排上考虑提供充足的时间和空间让学生进行自主探究,如课内小组探索和课外延伸活动,鼓励学生在课堂内外用实际行动来检验和扩展所学知识。

例如,教师在设计单元第四课时"AI绘画新体验——反思人工智能的作用及影响"的教学时,为了帮助学生更好地突破学习重点和难点,促进学生的深度学习,本课时充分利用各种现代化学习资源和工具,采用物理环境和虚拟环境相组合的方式,为学生创建了开放性学习环境。

本节课中,学生借助计算机进行人工智能绘画实践和技术探索,学生的电脑屏幕可以投屏展示,教师也可将相关内容直接分享至每位学生的电脑屏幕上,增强了课堂的互动性和展示效果,为学生提供了实践与探究的物理环境。同时,教师充分利用技术平台和多媒体资源,如讯飞星火大模型等生成式人工智能平台以及视频资源等,为学生创建了虚拟学习空间。这些资源不仅提供了丰富的学习材料,还通过生动形象的方式引发学生的思考,增强了学习活动的趣味性和实效性。

教师提供了有效的学习支撑,包括学习任务单、丰富的视频资源等多种学习材料,以此支持学生的自主探索和个性化学习,这些资源涵盖了人工智能的不同应用领域和热点话题,帮助学生从多个角度理解和思考人工智能的作用及影响。学生可以根据自己的需求和兴趣,通过生成式人工智能平台,获取更加个性化的学习资源。例如,在探索人工智能绘画时,让学生使用AI"绘画大师"来体验生成式人工智能的应用,从而激发学习兴趣和动力。教师通过搭建开放性学习环境,给予学生充分的体验空间。在探索问题的过程中,学生需要自主查找资料、分析问题、提出解决方案等,培养独立思考和解决问题的能力。

教师通过创建开放性学习环境,鼓励学生发表自己的观点和看法,尊重学生的个人见解,不论这些观点是否与教师的预设一致。例如,以学生小组的形式讨论关于人工智能可能引发的社会问题并记录相关观点,这些观点是多样化的,教师在此过程中保持开放和尊重的态度。同样,开放性学习环境的创建也可以减少学生的紧张感和焦虑感,让他们在一个相对自由、无压力的环境中学习和探索。例如,学生在使用AI"绘画大师"时,可以自由发挥,不必担心结果的好坏,从而更加专注于学习过程。

开放性学习环境的构建旨在促进学生的深度学习。通过沉浸式体验、讨论、交流、展示等环节,学生在不断探究和反思中深化对人工智能技术的理解和认识,从而实现对知识的深度理解和掌握。构建物理空间与虚拟空间相结合的学习环境、提供多样化的学习资源和个性化学习支持并配合鼓励学生自主探索和小组合作等方式,充分展现开放性学习环境的特征和作用。这种环境不仅有利于学生的深度学习和全面发展,还为他们未来更好地适应和应对信息社会的挑战奠定了坚实的基础。

4. 开展持续性评价

持续性评价是深度学习中教师教学、学生学习不可缺少的环节。评价是基于证据的推理和判断,这里的证据就是关乎学生学科核心素养是否有提高、提高了多少的依据,包括学习过程、学习结果、学习态度和学习行为等方面。持续性评价将评价的关注点从教师的教转向学生的学,注重学生学科核心素养的发展水平,以及学生在学习活动中的参与度、积极性及突破框架的创新能力。持续性学习评价起到随时了解学习目标达成情况、监测与调控学习过程、反馈与指导改进教学的作用。

持续性评价是形式和工具多样、以学生发展为中心、以学科核心素养为导向的多维度评价。本课时采用了多样化的评价方式,如课堂观察表、学习任务单、小组讨论记录以及思维导图绘制等。这些评价方式各有侧重,共同构成了对学生学习情况的全面评估。例如,通过课堂观察表,教师可以即时了解学生的学习行为、学习态度和学习内容,及时给予反馈和指导。这种即时的反馈有助于学生在学习过程中不断调整自己的学习策略,从而促进深度学习的发生。学习任务单作为学生的学习支架,记录了学生在单元学习过程中的各种思考和想法,通过反复查阅和反思学习任务单,学生可以逐渐深化对知识的理解,形成系统的知识体系。小组讨论记录不仅反映了学生的合作能力和交流能力,还记录了他们在讨论过程中产生的新想法和见解,这些记录有助于学生在后续的学习中进一步思考和探究,从而促进深度学习。思维导图作为单元学习的总结性评价方式,帮助学生厘清单元学习内容,形成系统的知识框架。通过绘制思维导图,学生可以更加清晰地看到各个知识点之间的联系和区别,促进对知识的深度理解和记忆。

持续性评价更多是形成性评价,贯穿单元学习始终,随着教学进程的推进,通过评价唤起学生的元认知,让学生始终记得学习的目标是什么,并自主监控学习的目标是否达成,主动反思和调控学习的进程,使学习不断深入。例如,教师可以通过预习任务单等方式,了解学生的预习情况,为后续的课堂教学做好准备。同时,预习评价也可以帮助学生明确学习目标,提高学习效率。在课堂学习过程中,教师可以通过课堂观察表、即时问答等方式,及时了解学生的学习情况,并给予反馈和指导。这种即时评价有助于学生在学习过程中及时调整自己的学习策略,保持对知识的兴趣和热情。在课后通过反思学习任务单、小组讨论记录等,学生可以回顾自己的学习过程,总结学习经验和教训,为后续的学习提供借鉴和参考。

持续性学习评价不仅关注学生的学习情况,还关注教师的教学情况。通过评价结果的反馈与指导,教师可以及时了解自己的教学效果和学生的学习需求,从而不断优化单元学习设计。例如,教师通过课堂观察表、学习任务单等评价方式,可以了解自己在教学过程中的优点和不足,及时调整教学策略和方法,提高教学效果。通过让学生记录小组讨论、绘制思维导图等方式,教师可以了解学生的学习需求和困惑,从而有针对性地调整教学内容和难度,满足学生的学习需求。

持续性学习评价通过多样化、贯穿单元学习全过程的评价方式以及反馈与指导机制,有效地将深度学习和单元学习设计相融合。这种融合不仅促进了学生的深度学习,还优化了单元学习设计,提高了教学效果和学习效率。

(二) 如何从学习者视角进行单元学习设计,以促进学生深度学习?

1. 设计引领性单元主题,让学生成为学习的探索者

在单元学习设计中,引领性的单元主题设计是促进学生深度学习的重要手段之一,其核心在于让学生成为学习的探索者,通过真实情境的问题驱动,激发他们的学习兴趣和探究欲望。从学生的兴趣和生活经验出发,按照课标要求,结合教材内容,设计的单元主题具有对整个单元学习活动的引领性,能够激发学生的学习动机,并在主题活动中可以生成多个相互之间有联系的子任务。在本单元"认识人工智能——新技术支持下的艺术画展之旅"中,通过艺术画展这一主题背景,将学生置于真实的问题情境中,如人脸识别检票机和拍照软件中的人脸检测功能,以及生成式 AI 绘制画作等,这些都是学生在日常生活中可能接触的技术,能够引起学生的共鸣和兴趣。

例如,在第一课时"智慧之眼——体验人工智能"中,学生通过体验计算机视觉应用,如人脸识别技术,了解人工智能的基本概念和应用。学生通过实践活动,如使用某 AI 开放平台实现人脸检测,成为学习的探索者,主动探究技术背后的原理。

在第二课时"AI 识画——初探机器学习"中,学生通过手机扫一扫获取画作信息的真实情境,探究机器学习的原理和应用。这种情境设计让学生在解决实际问题的过程中,成为学习的主动探索者。

在第三课时"鸢尾花分类——揭秘机器学习"中,学生通过鸢尾花分类的项目实践,深入理解机器学习中的"训练"与"预测"过程。学生通过编程实践,如使用 K 近邻算法进行分类,成为探索者,体验从数据中寻找规律并进行预测的过程。

在第四课时"AI 绘画新体验——反思人工智能的作用及影响"中,学生通过体验 AI 绘画,不仅了解技术的优势和不足,还思辨可能引发的社会问题,从而更全面地认识人工智能技术。

2. 创设挑战性任务,让学生成为问题解决者

挑战性任务是指那些能够激发学生主动探究、深入思考并应用所学知识解决实际问题的任务。这些任务通常具有一定的复杂性和难度,能够推动学生走出舒适区,进行更深层次的学习和理解。在本单元课时中,四个课时对应四个需要解决的问题,一个又一个问题,把四个课时串联在一起形成了一个完整的单元。在整个单元的学习中,学生在真实情境中成为问题解决者,即学生需要解决如何通过人脸识别检票、如何通过拍照软件识别画作中的人物、如何对鸢尾花进行分类,从而达成深度学习,落实学科核心素养。

例如,在第一课时"智慧之眼——体验人工智能"中,通过设置问题链,并明确每个问题对应的挑战性学习活动,引导学生在真实情境中经历一个完整的基于问题解决的学习过程。学生需要解决如何实现多张人脸检测并框画的问题,这需要学生深入思考并应用编程知识。

在第二课时"AI 识画——初探机器学习"中,学生通过手机扫一扫获取画作信息的真实情境,探究机器学习的原理和应用。能通过设计的问题链,如"为什么手机扫一扫就能识别出画作",引导学生深入探究机器学习的过程和原理,成为问题解决者。这些任务不仅要求学生应用所学知识,还需要他们进行创新思考和团队合作,从而提升问题解决能力。再通过问题链的设计,利用对内容、方法、思路、表达等方面的追问,让学生进行更多的探索,引发更多的思考,实现高阶的学习。

通过创设挑战性任务,让学生在解决实际问题的过程中成为问题解决者,可以有效促进学生的深度学习。考虑到学生在日常生活中已经接触过多种人工智能应用,教师可在设计学习任务时从学习者视角出发,充分利用这些实际体验作为学习起点,帮助学生从自己的视角出发去理解人工智能技术,激发其主动性和创造性,培养他们的批判性思维和问题解决能力。

3. 提供开放性学习环境,让学生成为自主学习者

在单元学习设计中,提供开放性学习环境是促进学生深度学习,使其成为自主学习者的重

要途径。创设开放性学习环境有助于学生将理论知识转化为实践能力，提升他们的学习效果。

本单元的四个课时均使用了多媒体网络机房作为主要的物理学习环境。计算机中安装了必要的软件（如 Python 编程环境、极域教学软件、Lobe 训练平台等），再加上大屏幕的互动展示，方便学生开展小组活动、展示学习成果。这种物理空间的开放性为学生提供了充足的实践条件和协作空间，使他们能够在动手实践中深化对知识的理解和掌握，为学生提供了充足的实践条件和协作空间，让学生成为自主学习者。例如通过"AI 识画——初识人工智能"中提到的某平台进行机器学习模型训练，借助"AI 绘画新体验——反思人工智能的作用及影响"中使用的讯飞星火大模型等生成式人工智能平台模仿莫奈风格绘制图像。

在开放性学习环境中，教师也需要提供多样化的学习资源，以满足不同学生的学习需求。如"智慧之眼——体验人工智能"中提到的某 AI 开放平台、学习单和拓展资料等，这些资源不仅覆盖了课程的核心知识，还提供了丰富的拓展内容，帮助学生深入理解和应用所学知识。

学生们利用信息技术提供的开放性学习环境，如在线人工智能训练、生成式人工智能等平台，突破硬件条件等限制，在真实的情境中学习、感知和应用知识，随时随地进行自主学习和探究。开放性学习环境与技术不仅拓宽了学生的学习空间，也为他们提供了丰富学习工具和资源，学生可以根据自己的学习风格和节奏进行自主选择、探索与学习，进一步增强对学习主题与重难点的理解。

4. 利用持续性评价，让学生成为反思者和改进者

持续性评价一般用于项目管理领域，通常指的是在项目完成后，对项目既定目标是否还能保证、项目是否可持续地发展、项目是否具有可复制性等方面进行的评价，关注项目的长期效益和可持续性。一个完整的单元学习也类似于一个项目，需要考虑的是，当我们在学习的过程中，以及学习完成之后，学习目标是否达成、学科核心素养是否得到落实，也需要保证学习的可持续发展。在深度学习中，持续性评价还强调在学习过程中持续、动态地收集学生学习进展的反馈信息，旨在及时调整教学策略，帮助学生认识自己的学习状况，从而促进深度学习，帮助学生深刻理解知识，培养他们的自我反思能力和持续改进的学习习惯。持续性评价有以下几种方式。

一种是课堂观察、小组之间进行反思性评价与讨论，也就是进行即时反馈与阶段性总结。在"智慧之眼——体验人工智能"课时中，教师通过课堂观察、学生小组讨论和代码实现过程中的即时反馈，帮助学生及时认识到人脸检测程序编写中的问题。这种即时反馈机制促使学生不断反思和调整自己的学习策略，深化对计算机视觉概念的理解。在"鸢尾花分类——揭秘机器学习"课时中，学生在完成鸢尾花分类实践后进行反思性讨论。他们分析不同距离度量方法对模型性能的影响，总结实验过程中的经验教训。这种反思性讨论不仅帮助学生深化对机器学习原理的理解，还促进了学生自我改进和创新能力的发展。

也可以利用学习档案袋记录学习过程进行评价与反思。例如，在"AI 绘画新体验——反思人工智能的作用及影响"课时中，学生使用"档案袋"记录整个单元的学习任务单和反思笔

记。这种持续性的记录方式帮助学生回顾学习历程,反思在不同学习阶段中的收获与不足,形成对人工智能技术的全面认识。

利用物理与虚拟空间提供的多样化评价工具与资源。创建开放性学习环境不仅提供了丰富的学习资源和技术支持,还便于教师收集学生的学习数据,进行持续性的跟踪和评价。例如,"AI绘画新体验——反思人工智能的作用及影响"课时中,教师利用视频资源、生成式人工智能平台等多样化工具,支持学生的自主探索和个性化学习。这些工具不仅丰富了学习体验,还提供了多样化的评价视角和反馈方式,有助于学生更全面地认识自己的学习状况。

(三) 在信息技术学科中,指向深度学习的单元学习设计的可复制、可借鉴的实施路径是什么?

在信息技术学科中,指向深度学习的单元学习设计需要紧密结合教材内容、课标要求,实施一系列可复制、可借鉴的路径。

1.明确学科核心素养目标

研究课标与教材,深入理解学科核心素养。明确信息技术学科的四大核心素养——信息意识、计算思维、数字化学习与创新、信息社会责任,并将这些素养具体化为单元学习目标。同时也对照课程标准中的课程内容、学业质量水平等要求,细化单元学习目标,确保学习目标与课程标准一致。

2.分析学情与教材内容

了解学生在信息技术学习方面的起始水平、学习风格、兴趣点及潜在困难,为设计适合他们的学习活动提供依据。根据学情与教学内容,梳理单元所涉及的知识点,明确知识点之间的逻辑关系,找出单元的核心概念和关键技能。按照教材内容,将单元教学内容划分为若干模块,每个模块围绕一个重要概念或技能展开。设计时,遵循引领性主题、挑战性任务、开放性学习环境和持续性评价四个原则。

3.设计情境化与项目化的学习活动

创设真实情境,设计贴近学生生活或具有学科背景的问题情境,激发学生的探究兴趣和学习动力。围绕单元目标,设计一系列项目式学习任务,让学生在解决实际问题的过程中运用所学知识,发展核心素养。融入跨学科知识,鼓励将信息技术与其他学科融合,通过跨学科项目促进学生对知识的综合应用和理解。

采用任务驱动学生的学习,通过符合主题的实际任务引导学生在解决问题的过程中学习和应用知识。任务选择应结合学生的兴趣和实际生活,确保任务的实际应用价值和挑战性。在单元和课时的系列任务设计中应考虑任务的连续性和进阶性,推动学生经历阶梯状的学习探索过程,实现学习程度的逐步加深。

4.实施探究式、合作式的教学策略

鼓励学生通过探究、实验和实践来学习。课程标准提倡项目学习,学生在教师引导下发现问题,以解决问题为导向开展方案设计、新知学习、实践探索,发展计算思维、数字化学习与创新能力。可以组织小组合作学习,让学生在协作中分享知识、交流思想,共同完成任务。面对不同能力水平的学生,教师能够针对不同水平的学生设计不同难度的学习任务,提供个性化的学习资源和指导。

5. 构建持续性评价

在学习过程中嵌入形成性评价,如课堂观察、即时反馈、作业检查等,及时了解学生的学习进展,即过程性评价。通过项目展示、作品评价等方式,评估学生的信息技术应用能力、创新思维和信息素养。引导学生进行自我评价和同伴评价,培养他们的反思能力和批判性思维,即进行自我评价与同伴评价。

6. 提供丰富的学习资源与支持

利用现代信息技术平台,如网络平台、电子教材、多媒体教学环境等,为学生提供开放的学习环境和多样化的学习资源和支持。其中,信息技术实验室需要配备必要的软硬件设施,为学生提供动手操作和实践探究的机会,信息技术平台应具备实时编程、虚拟实验、在线协作和资源共享等功能。

7. 教与学的反思与迭代

在教学过程中,建立持续的反馈机制,通过阶段性评价和总结,帮助学生不断调整和改进学习方法。教师应关注学生学习进展,了解学习困难,提供针对性指导和支持。也可以在每个课时/单元学习结束后,组织学生进行反思总结,评估本课时/单元的学习效果,学生进行学后反思,提出针对本课时/单元学习的改进建议。教师再根据反思结果和学生反馈,对单元学习设计进行迭代优化,不断提高教学质量和效果。

通过三个问题的研究和相关理论的学习,教师能够更有效地贯彻新课标和新教材的学科核心素养要求,推动学生在信息技术学习中实现深度学习。这不仅提升了学生的知识应用能力和创新能力,也为他们未来的学习和工作奠定了坚实的基础。

三、单元教学案例

(一)案例

"认识人工智能——新技术支持下的艺术画展之旅"单元学习设计案例

根据上述对单元教学关键问题的分析和解决,结合深度学习理论,针对信息技术必修一模块中第四单元"走近人工智能"进行了单元学习设计,单元整体框架如下。

学　科	信息技术	**实施年级**	高一
课程标准模块	数据与计算		
使用教材	华东师大版必修一 数据与计算		
单元名称	走近人工智能		

单元课时	4 课时

1. 学习主题：认识人工智能——新技术支持下的艺术画展之旅

2. 项目概述：

　　小申同学所在的艺术社团组织社团活动,参观艺术画展。在展馆门口,小申经过人脸识别检票机时发现自己的脸部区域在屏幕上被框画出来。进到展馆内,小申看到欣赏的画作时便拿出手机拍照记录,拍照软件也将画作中人物的脸部区域框画了出来。小申感到好奇,机器是如何检测到人脸的? 浏览过程中,小申用手机扫一扫功能就能获得画作的相关信息,他也看到了不同画家绘制的鸢尾花画作,除了绘画风格色调等区别之外,画面中的鸢尾花也不尽相同。小申疑惑,机器是怎么识别出画作的? 它们又能否判别出画作中不同种类的鸢尾花? 展览快结束时,小申看到了一块互动大屏幕,小申只要在互动设备上输入一段描述性文字,无需画笔和颜料就能绘制出一张莫奈风格的画作。小申和同学们惊叹于人工智能在艺术创作方面发挥作用的同时,纷纷联想到生活中其他应用到人工智能的场景和影响

　　＊注：在深度学习要素中,引领性学习主题的目的在于将核心的结构化知识与真实的问题情境相融合,使学生在真实的问题情境中解决实际问题,获取核心的结构化知识。本单元学习以学校社团组织参观艺术画展,以学生在参观过程中体验到的各种人工智能技术为主题背景,该主题关注了本单元涉及的教学知识结构、课标要求和学科核心素养,也关注了学生在生活中的已有知识经验和学习兴趣,并且符合真实的学生生活经历。在参观画展的过程中,从多角度切入本单元核心知识:小申在入口处体验到的人脸识别检票机这一情境对应的核心知识是计算机视觉应用,小申用手机扫一扫获得画作信息和鸢尾花种类分类这一情境对应的核心知识是人工智能发展历程和机器学习,小申使用生成式AI绘制画作这一情境对应的核心知识是人工智能的作用及影响。本单元学习主题贯穿整个单元学习过程,激发学生参与的积极性,从而引发学生的深度学习

3. 学情分析：

　　人工智能是目前人们生活中应用较为广泛的计算机技术之一,与学生的日常生活联系紧密,他们对人工智能的应用,例如人脸识别、机器学习、生成式人工智能以及历史上著名的人机对弈有所了解,但对人工智能的发展历史以及具体技术的实现方法和原理没有概念。学生在此前已经学习了算法基础、算法的三种基本结构等内容,初步掌握了使用 Python 语言编写简单程序的能力,为学习本单元内容打下了基础。但相比先前单元的算法程序设计,本单元涉及的相关程序代码在难度上有较大的跨度,因此在相关程序实现部分,课堂教学主要以动手体验为主,必要时教师可提供丰富的学习支持资源,学生以小组形式相互激发进行实践探究

4. 学习环境：

　　多媒体机房,Python 编程环境,人工智能开放平台,相关的数据训练 AI 平台(Lobe 平台),讯飞星火大模型等生成式人工智能平台,极域教学软件,演示文稿,学习单等

　　＊注：开放性学习环境是指利用教育技术手段和资源来支持不同的学习目的和知识建构的环境,开放性学习环境的构建为达成单元学习目标创造条件,促进深度学习的发生。本单元中的多个课时设计均采用了组合的物理空间学习环境(多媒体网络机房、互动大屏幕等)、虚拟空间学习环境(多个 AI 开放平台,Python 第三方库等)和人文学习环境(小组合作探究,同伴交流等)

5. 单元学习目标：

(1) 通过体验借助人工智能开放平台实现人脸图像智能处理的过程,了解计算机视觉系统的作用和应用场景(计算思维、信息意识)

(2) 通过使用手机扫一扫获得画作信息为情境,了解并学习人工智能发展的历程,进一步了解并探究机器学习的原理、一般过程以及机器学习的分类(信息意识、信息社会责任)

(3) 通过程序设计实现鸢尾花类型自动判别实例,体验机器学习的基本过程,了解"训练""预测""模型"等相关概念(计算思维、信息意识)

(4) 通过体验生成式人工智能应用,小组合作探索人工智能在不同领域的应用,感受人工智能在信息社会中的重要作用,思辨人工智能应用可能会引发的社会问题及应对策略(数字化学习与创新、信息社会责任)

＊**注**:本单元学习目标是根据《普通高中信息技术课程标准(2017 年版 2020 年修订)》中的内容要求"1.8 通过人工智能典型案例的剖析,了解智能信息处理的巨大进步和应用潜力,认识人工智能在信息社会中的重要作用"和学业要求"了解人工智能技术,认识人工智能在信息社会中的重要作用",并结合学生学情制定以核心素养为导向的单元学习目标,每条学习目标都对应着主要培养的核心素养

6. 单元课时计划:
第一课时:智慧之眼——**体验**人工智能
第二课时:AI 识画——**初探**机器学习
第三课时:鸢尾花分类——**揭秘**机器学习
第四课时:AI 绘画新体验——**反思**人工智能的作用及影响

7. 单元评价建议:
本单元采用过程性评价与结果性评价相结合的方式展开,形成单元可持续性评价。

过程性评价主要包括课前预习情况、课中课堂活动的参与程度、课后总结反思等表现性评价,以此对学生的学习成效和学习习惯进行监督。同时在相关课堂活动环节对小组分工合作情况、任务完成情况、表达展示情况等进行自评、互评与师评

结果性评价包括对本单元各课时课堂任务及课后作业的实现成果进行展示,对单元学习内容进行测验,以及对每课时完成的总结文字汇总生成本单元知识结构的思维导图等进行综合性评价,以此帮助学生检验自身的学习成果,提升其对所学知识进行迁移运用的能力,教师也可根据评价结果为下一轮教学设计进行修正和完善

8. 单元教学反思:
(1) 在设计第 1 课时中的学习任务时,考虑到本课时的主要学习目的是体验人工智能技术和学生已有的知识和能力水平,因此创设了开放性学习环境和挑战性学习任务,通过难度逐渐递增的学习任务,适当降低了程序编写的难度,并通过提供丰富的学习支架,以帮助学生完成课堂任务,实现深度学习;同时,教师在小组学习探究的过程中应发挥组织构建和指导支持的作用,以促进小组成员间深度学习的有效进行
(2) 在第 2 课时中,通过设计问题链和挑战性学习任务,引导学生主动探究机器学习的原理和一般过程,从而引发学生主动探究并进行深度学习。通过小组合作和 Lobe 软件的使用,学生们积极参与并展现出了较高的学习兴趣。然而,部分学生可能在面对复杂问题和挑战时,缺乏足够的自主探究的能力。因此在教学中,需要更加注重培养学生的自主学习与探究能力。例如,增加课堂的互动性,鼓励学生提出问题,引导他们进行小组讨论,在过程中进行反思和总结,促进更深层次的思考和理解,进行深度学习。也可以提供更多的学习资源进行支持,关注学生的个体差异,为不同水平的学生提供个性化的支持和帮助
(3) 单元中课时的评价方式由原先每个课时各自进行过程性评价和总结性评价,改进为每课时的课后作业为最后的单元整体评价提供素材,实现了可持续性评价方式

(二) 评述与建议

在破解信息技术学科关键性的单元教学问题时,本单元教学案例首先将引领性学习主题作为深度学习和单元学习的融合点,创设了与学生生活紧密相关的真实情境,选择了以学生社团参观画展为背景的学习主题,该主题贯穿整个单元,具有较大的探索空间和挑战性,能够激发学生兴趣和学习动力,使学生在学习过程中保持专注和投入,促进学生进行深度思考和创新

实践,同时该主题内容具有足够的广度和深度,能够支撑起整个单元的学习内容。

其次,本单元的多个课时设计都强调了具有层次性和挑战性的学习任务,确保任务既符合学生的当前水平,又能激发他们的潜能。这些挑战性学习任务鼓励学生主动探索、合作交流和反思总结,体现了深度学习的思想理念。

再次,本单元构建了一个开放、包容的学习环境,通过提供丰富的学习资源和人工智能相关技术的工具及平台,支持学生根据自己的需求进行学习,鼓励学生自主探索、合作交流,促进了知识的共享和碰撞,有助于培养学生的协作能力和创新思维。

最后,本单元采用持续性学习评价,确保了学生学习过程的完整性和有效性,通过多元化的评价方式,教师可以全面了解学生的学习情况,及时调整教学策略和方法,而学生也能通过反思总结,不断提升自己的学习能力和思维水平。

在今后的单元学习设计中,教师应继续深化单元学习主题设计,挖掘更多具有挑战性和启发性的学习主题,通过引导学生深入探究这些主题,促进他们的深度学习和思维发展。同时,教师在构建学习环境时,应更加注重开放性和灵活性,为学生提供多样化的学习资源和工具,还应加强师生、生生之间的互动交流,实现思维火花的碰撞。在实施学习评价时,应进一步完善评价体系,确保评价的公正性、全面性和及时性,通过多元化评价方式全面反映学生的学习情况和发展变化,关注他们的知识掌握情况和核心素养提升情况。另外,还应加强对学生学习过程的关注和指导,帮助他们发现问题、解决问题并调整学习策略。随着教育技术的不断发展和教学理念的持续更新,学科单元教学将在促进学生深度学习、提升教学质量和效果方面发挥更加重要的作用,我们应继续探索和实践更加科学有效的单元教学方法和策略,为学生核心素养的全面发展和终身学习奠定坚实的基础。

第五章　促进学生核心素养培育的学科 教学建议（高中通用技术）

上海市杨浦区教育学院　路叶燕

一、单元教学关键问题分析

（一）问题的提出

1. 如何开展大概念视域下的单元学习目标设计？

在普通高中通用技术课程改革的背景下，如何突破传统以技能培养为主的教学模式，转向以核心素养为导向的课堂教学，成为当前研究的重要课题。素养导向的技术教学不仅关注技术知识本身，更侧重于核心概念和大概念的理解。随着课程改革的深化，基于学科大概念的项目化学习已被证明有助于学生构建学科知识，落实学科核心素养。

要有效实施通用技术单元教学设计，首先需要构建一个基于学科大概念的教学单元。然而，尽管目前这种教学方式得到了积极推广，但许多一线教师在设计单元教学时仍然面临困惑，特别是在单元学习目标的设计上。与传统的知识和技能教学不同，基于大概念的目标更具宏观性，这使得许多教师在提炼和整合教学目标时感到挑战。具体而言，主要有两个问题：其一，单元目标与课时目标的混淆。教师在设计单元教学时，容易将课时目标与单元目标混淆。课时目标通常是针对某一具体知识点或技能的短期目标，而单元目标应关注学科的核心概念，并具备更广泛和长期的导向。混淆两者容易导致目标之间缺乏内在联系，进而使学生的学习变得零散和碎片化，不利于核心素养的培养。其二，单元目标过于泛化。一些教师在设计单元目标时，往往直接将核心素养的内容作为目标，这种目标往往过于宽泛，不够具体，缺乏针对性，无法有效体现该单元的教学重点，甚至未能充分考虑学生的实际学习需求。

2. 如何开展基于项目化学习的单元学习活动设计？

项目化学习（Project-based Learning，简称 PBL，也译为"基于项目的学习"）是一种源自欧美中小学的探究式教学模式，起源于杜威的"做中学"理论，强调学生作为学习的主体。PBL 注重学科核心概念和原理的学习，要求学生参与问题解决、现实世界的探索等有意义的活动，强调自主学习，并通过制作作品来完成知识建构。其实施过程通常包括"选定项目—制订计划—活动探究—作品制作—成果交流—活动评价"六个基本步骤。

深入分析通用技术课程中的工程思维本质以及 PBL 理论后，我们可以发现，基于项目的学习与通用技术课程理念高度契合。PBL 的实施步骤与通用技术课程内容的主线（即设计的一般流程）也非常相似。因此，将 PBL 理论应用于通用技术课程教学，促进学生技术学科核心素养的形成与发展,不仅是合理的,而且是必要的。

然而,目前在通用技术课程教学中,教师在实践"基于项目的学习"模式时,效率仍然不高。主要表现为:一方面,设计的项目没有将教材中整个单元的内容有效整合,未能全面贯穿和系统推进,导致学生的知识结构难以形成,核心概念和大概念的培养受限;另一方面,虽然教师设计了众多学习任务和任务群,但在问题设计与引导上缺乏深度,使得学生在项目中缺乏足够的参与感,学习任务显得疏离,难以激发学生持续探究的动力;此外,部分项目设计缺乏可操作的工具和材料,教师常常依赖教材或网络上的案例分析,导致实际操作性不足,教学效果也因此受到影响。

针对这些问题,如何更好地将 PBL 理论与通用技术课程融合,并优化项目设计和实施,是提升教学效果和促进学生核心素养发展的关键。

3. 如何运用仿真软件开展工程项目实践?

通用技术学科具有鲜明的实践性特征,学生只有在最接近真实环境的工程项目实践中,才能有效发展工程思维等学科核心素养。然而,工程实现是一个复杂的过程,中学课堂与实际工程实施的差距较大。一个工程项目的学习与实践通常包括发现与明确问题、方案构思、图样表达、模型制作、测试与优化等环节。在这一过程中,模型制作与测试优化之间存在循环,方案构思与测试优化之间也常常需要迭代。因此,若以一个大型设计制作项目作为教学载体,不仅会增加有限的学科耗材经费,还可能使本就紧张的课时安排更加捉襟见肘。

在这种背景下,课堂教学中运用仿真软件能够有效弥补这一挑战。通过将学生带入近似真实的工程情境,仿真软件能够帮助学生体验如何运用信息技术手段进行方案设计、测试与优化,极大地提高学习效率。与此同时,仿真技术使学生能够在虚拟环境中进行更丰富的技术学习,激发其对技术探索的兴趣,并有助于更好地理解和掌握工程思维及其应用。

(二) 问题的价值

1. 基于大概念的教学设计有利于达成学科核心素养

课程标准提出了落实学科核心素养的整体要求,这意味着学科教学不应单纯关注知识的传授,而应聚焦于学生作为人的全面发展。课程标准建议,通用技术教学可以通过基于"大概念"的课程组织和教学实施来培养学生的核心素养。

通用技术的大概念教学设计不仅关注零散技术知识的传授,其更加强调将各个知识点整合成一个有机的整体,帮助学生理解它们之间的联系和内在逻辑。通过这种方式,学生能够更深入地理解学科的本质与内涵。学生在学习技术"大概念"的过程中,借助简易技术设计、技术试验、技术体验等多样化学习活动,发展技术思想与工程思维,提升运用技术原理来认识和解决技术问题的实践能力,从而拓展技术学科核心素养的层次与结构。同时,掌握了学科核心概念的学生,也能更容易将所学知识迁移到其他学科或实际生活中,促进跨学科的学习与应用,为终身学习奠定坚实基础。

2. 基于项目化的学习活动设计有利于发展学生高阶思维

课程标准建议,在教学中借助"大项目",对通用技术课程内容进行嵌入式渗透,整合工程思维与学习要求,为学生创造一个相对真实的情境,帮助他们亲身体验具体的设计项目。在设计、制作、评价等技术实践活动中,学生经历多次实践与认识的循环,逐步形成关于技术的人机关系、权衡决策、工程建模等技术思想和方法,最终发展出工程思维。

通用技术强调学生手脑并用,强化实践能力。然而,这种能力无法仅通过课堂上的"被动学习"获得。在项目化学习中,学生面对真实、有挑战性的问题,需要分析问题、构思解决方案,并通过不断地探究和验证来实现问题解决。在这一过程中,学生围绕某一具体问题,通过收集、分析信息并制定解决方案,最终通过实施该方案形成最终作品。每一个步骤都要求学生亲自动手解决实际问题,从而在实践中培养他们的问题解决能力、决策能力、批判性思维与创造力。

3. 基于仿真软件的环境模拟有利于创设更真实的工程情境

仿真软件为学生提供了虚拟的工程实践环境,学生可以在不需要实际设备和材料的情况下进行各种技术试验,从而节省成本并提高安全性,弥补了通用技术学科在硬件设施、课时和经费等方面的不足。仿真软件能够实时提供设计、测试和优化方案,学生可以在仿真过程中观察系统响应并调整参数,直观地理解不同设计和决策的影响。这样不仅有助于加深学生对技术知识的理解,还能有效培养他们解决实际问题的能力。

二、单元教学关键问题解决

(一)大概念视域下的单元学习目标设计

本节将以高中通用技术《技术与设计 2》模块"结构及其设计"单元为例,具体分析单元教学目标的编写策略。

1. 研读课标,提取单元大概念

课程标准是国家课程的基本纲领性文件,提出了面向全体学生的学习基本要求。因此,所有大概念的提取都应依据课程标准进行。在这一过程中,教师可以直接从课程标准中提炼出相关的大概念。具体来说,教师应通过研读课程标准中的内容要求、活动建议、教学提示和学业要求,梳理出本单元的课程标准内容,并提取出关键词。基于这些关键词,教师可以明确单元整体学习的大概念及核心内容。

从课程标准的角度来看,本单元重点强调从力学的角度理解结构的强度和稳定性等问题,并关注简单结构设计的相关内容。这些大概念为学生提供了框架,帮助他们系统地理解相关知识点,培养解决实际问题的能力。

表 5-1 《技术与设计 2》模块"结构及其设计"单元大概念

内容要求/关键词	大概念/核心内容
(1) 从力学的角度理解结构对技术产品及其功能实现的独特价值，了解结构的一般分类和简单的受力分析，并从技术和文化的角度赏析经典结构案例 (2) 通过技术试验或技术探究分析影响结构的强度和稳定性的因素，并写出试验报告 (3) 结合生活中的实际需求进行简单的结构设计，并绘制设计图样，做出模型或原型	结构 结构含义、结构与功能的关系、结构稳定性与强度、结构设计等

2. 分析教材，梳理单元知识结构

(1) 分析教材内容

仔细阅读教材单元，了解单元的主题、目标和内容结构，列出单元中的主要知识点、概念和技能，并理清它们之间的逻辑关系。

本单元共有 4 节内容，第一节"结构的认识"，主要内容包括结构的分类、力与形变及其典型结构的受力分析；第二节"结构的功能"，主要内容有结构与稳定性、结构与强度、结构与功能；第三节"结构的设计"，主要内容是结构设计的主要因素、结构设计的一般步骤、人字梯模型的设计与制作；第四节"结构的赏析"，主要包括自然结构的赏析和建筑结构的赏析。

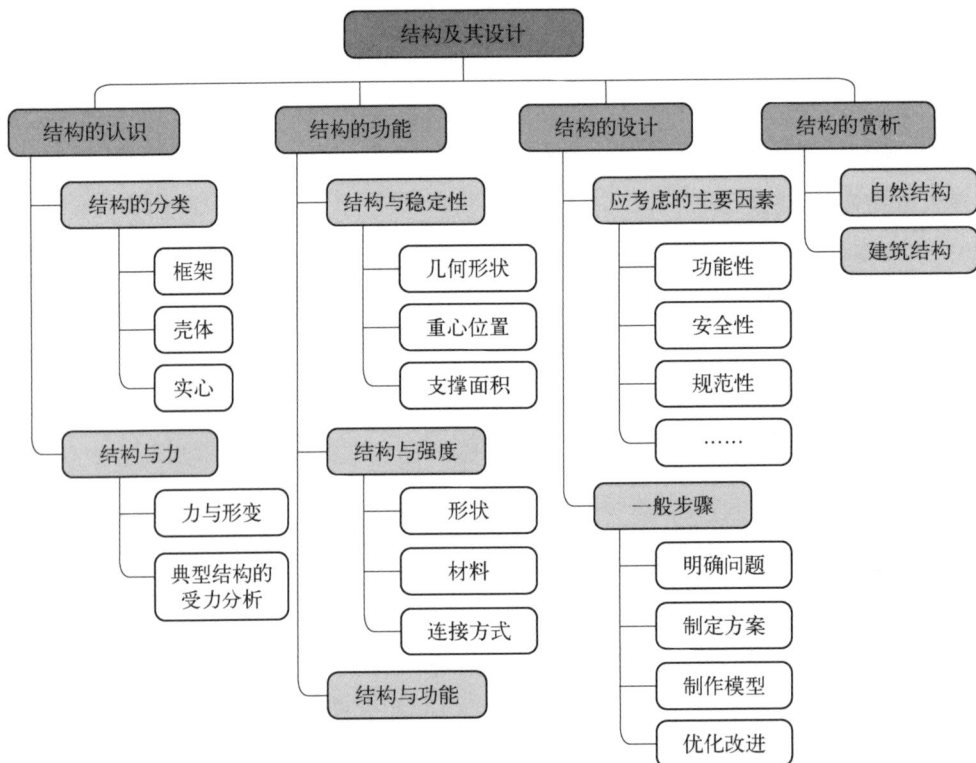

图 5-1 人教版《技术与设计 2》"结构及其设计"单元教材结构

（2）梳理知识结构

识别单元中的核心概念、原理和知识点，并分析它们之间的内在联系，构建知识图谱或思维导图，展示单元知识的结构及逻辑关系。

本单元要求学生能了解生活中常见的简单结构。通过生活观察和技术试验，对简单的结构进行强度、稳定性分析。可根据生活中的需求，从功能的角度对设计对象的结构强度和稳定性进行分析，从既满足功能要求又做到美观等角度思考设计方案，绘制草图，并做出模型。

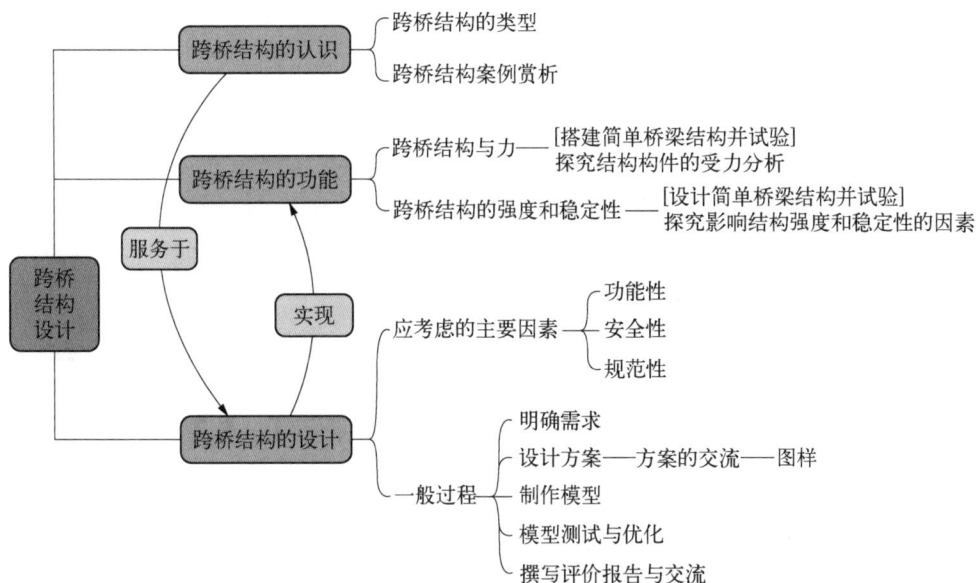

图 5-2 《技术与设计 2》模块"结构及其设计"单元知识结构

3. 整体设计，确定单元目标

在研读课标和分析教材的基础上，可以确定单元整体学习目标。单元学习目标的设计，一是指向核心素养，学习目标应聚焦于最契合本单元学习内容的核心素养，明确该素养的具体维度及其发展水平。二是整合核心概念，学习目标应涵盖本单元的学科大概念及核心内容，将学生的知识体系与学科精髓紧密结合。三是反映学科实践，学习目标应与学科的实践活动紧密相关，体现技术设计、操作、试验等典型学科实践。四是关联价值观培养，学习目标应关注学生的社会性成长，帮助学生在技术学习的同时，培养社会责任感、团队合作精神、环境意识等价值观。

表 5-2 《技术与设计 2》模块"结构及其设计"单元目标

单 元 目 标	核心素养	水平等级
1. 通过技术体验和案例分析，归纳并解释结构的含义，能通过实例说明合理结构的重要性，树立技术规范意识和责任意识；能从技术和文化的角度欣赏和评价经典结构	创新设计	2

单　元　目　标	核心素养	水平等级
2. 通过技术探究活动，能从力学的角度解释结构对技术产品及其功能实现的独特价值 3. 通过技术活动探究结构稳定性和强度的影响因素，并综合考虑稳定性、强度等多方面内容进行简单的结构设计，提出可能的解决方案，进行比较、权衡、优化，绘制设计图样 4. 根据实际条件，选用合适的结构设计方案，做出模型或原型，并进行功能、稳定性和强度测试	工程思维	3

（二）基于项目化学习的单元学习活动设计

基于课程标准，整合单元内容，设计学科项目式学习方案，既能保证通用技术课程基础目标达成，也能为学生提供更有探索价值的学习方式，深度挖掘学生的技术学习潜力。下面，以《技术设计2》模块"结构及其设计"单元为例，说明整合单元内容开展项目式学习的思路及实施方案。

1. 基于问题驱动，设计项目

项目式学习是通过问题引发学生对概念的思考和探索，从核心概念出发，寻找本质问题，再通过对本质问题的提炼，确定项目的驱动性问题。

表5-3　《技术与设计2》模块"结构及其设计"的本质问题及驱动性问题

本　质　问　题	驱　动　性　问　题
不同结构的受力有什么不同？ 影响结构稳定性和强度的因素有哪些？ 你能根据实际需求进行简单的结构设计吗？	学校有一条景观河，它不仅美化了校园环境，还可以让学生在这里放松身心。为了方便学生在生活区和教学区穿行，学校计划在景观河上修建一座桥。你能用结构的知识，设计并制作一座桥的模型吗？

从驱动性问题出发，结合核心概念与教材原有活动，本单元以"设计制作桥跨结构模型"为核心任务，设计三个学习活动，达成教材原有教学目标。前面两个活动以结构的分类、结构与力、结构的稳定性和结构的强度为主要探究目标，为完成第三个活动做"结构知识"的铺垫。

表5-4　《技术与设计2》模块"结构及其设计"的单元活动

核心任务	活　　动	核　心　知　识
设计制作桥跨结构模型	结构的认识与赏析	结构的分类
	搭建简单结构模型并试验——探究结构构件的受力分析、探究影响结构强度和稳定性的主要因素	结构与力 结构与强度 结构与稳定性 结构与功能

核心任务	活　　　动	核 心 知 识
设计制作桥跨结构模型	经历结构设计的一般过程：明确桥跨结构模型设计目标及要求—形成初步设计方案—制作桥梁模型—检测、优化和改进设计—展示与交流	结构设计应考虑的主要因素 结构设计的一般步骤

2.围绕核心概念，实施项目

本单元的核心是结构设计，强调学生从结构现象及其概念的理解入手，运用结构设计的相关知识，对结构强度和稳定性等设计要求进行分析。学生经历设计的一般过程，形成"桥跨结构"的设计方案并制作模型进行测试和优化。

表5-5　"设计制作桥跨结构模型"项目方案

课　　时	内　　　　　容
第1课时	欣赏经典结构图片，归纳并解释结构的含义，知道经典的桥梁结构，学会从技术和文化的角度赏析经典结构
第2—4课时	搭建简单结构模型，分析结构构件的受力和形变；设计技术试验，并进行实践，探究影响结构强度和稳定性的主要因素，撰写试验报告
第5课时	根据情境和需求，综合考虑结构强度和稳定性，设计桥跨结构方案
第6课时	交流桥跨结构设计方案，并进行方案比较
第7—8课时	制作桥跨结构模型，并对模型进行稳定性和强度测试
第9—10课时	优化和改进桥跨结构模型，撰写作品评价报告与交流

本单元"设计制作桥跨结构模型"主要包括10节课，这10节课主要从教材中原内容生长而来，通过整合、删减教材中原有的教学活动，围绕驱动性问题生成项目课程。接下来，从教学内容这一角度介绍课程的实施方案。

表5-6　"探究结构构件的受力分析"教学设计

课时名称	探究结构构件的受力与形变
教学目标	1. 通过观看弹性硅胶棒操作体验视频，了解作用在构件上的力所产生的形变效果，知道在力的作用下物体会发生形变，初步建立对拉伸形变、压缩形变、扭曲形变、弯曲形变及剪切形变的认知 2. 通过简支梁、三角桁架（上部受压）这两种简单结构的受力与形变分析和对比，知道不同的结构类型具有不同的特征和受力特点，应用于不同的场景 3. 通过对吊篮盆栽支架和单柱桁架结构的实验探究，能运用力学传感器等相关工程技术设备和手段进行结构构件的受力分析，初步形成技术意识及工程思维，提升物化能力

教学资源	PASCO 结构件（梁、连接件、螺丝钉、钩码、砝码）、力学传感器、力传感器放大器、手持数据采集器等			
	教学环节	**教　师　活　动**	**学　生　活　动**	**设　计　意　图**
教学过程	复习引入	1. 结构的组成和分类：结构概念、构件、结构分类 2. 引出课题 一定的作用力 → 抵抗各种变形 → **设计合理的结构** → 作用在结构上的力 / 构件的受力情况 → 构件的受力与形变 【探究结构构件的受力与形变】	回忆上节课所学内容，明确结构由构件组成 明确本节课的研究主题：探究结构构件的受力与形变	通过复习引入，引导学生明确要设计出一个合理的结构需要对结构构件进行受力分析，进而引出课题
	新知学习	1. 视频：弹性硅胶棒扭曲、弯曲作用力下的形变 • 请同学们观察硅胶棒的变形情况 • 我们把物体发生的伸长、缩短、弯曲等变化称为形变 2. 形变的几种形式 • 压缩、拉伸、弯曲、扭曲、剪切 [提问]：判断以下生活常见案例中，发生了哪种形变？ 3. 简单结构中的受力与形变 （1）简支梁 • 弯曲形变：梁的上部压缩、下部拉伸 （2）三角桁架（上部受压） [提问]：请同学试着分析一下三角桁架的受力形式 • 上部斜杆压缩、底部杆件拉伸 • 对比：不同结构相似的受力情况，其构件受力形式也不同。简支梁会产生弯曲形变，即拉伸＋压缩，三角桁架构件要么压缩、要么拉伸，受力合理，适用范围广	观看视频，观察其中硅胶棒在扭曲、弯曲作用力下发生的变形情况 明确形变的几种形式，通过案例的回答加深印象 分析简支梁和三角桁架的受力形式 两种结构对比，明确不同的结构相似的受力情况，其构件受力形式随之发生变化	通过观看视频，了解物体在受力情况下会发生变形，进而引出形变概念 通过案例引导学生学习变形的几种常见形式 引导学生分析简支梁和三角桁架的构件受力形式 通过对比，引导学生了解三角桁架没有弯矩，只受拉或受压，受力合理，常用于屋盖承重结构
	学生探究活动（一）吊篮盆栽支撑架受力探究	情境：为了给家庭环境增加一点绿色，小明的爸爸想在阳台安装几个支撑架，用来悬挂他最喜欢的吊篮盆栽 1. 对吊篮盆栽支撑架进行设计 [展示]：学生设计支撑架的主要形式（学生的设计草图）	与小组同学探讨，对吊篮盆栽支撑架进行设计，并画在学案内	通过吊篮盆栽支撑架的设计、制作与测试，引导学生对该三角桁架结构的受力情况进行实验验证

教学环节		教　师　活　动	学　生　活　动	设　计　意　图
教学过程	学生探究活动（一）吊篮盆栽支撑架受力探究	• 同学们的设计基本为三角桁架结构，受力情况与新知传授的不同 2.制作支撑架结构，并对支撑架构件进行力学特征分析 ［展示］：学生的作品照片、支撑架的构件测试结果 • 数据分析：拉力为负数、压力为正数	根据自己的设计进行制作，并替换力学传感器，进行受力形式分析，并记录数据，判断杆件受力情况	
	学生探究活动（二）单柱桁架受力探究	情境：早在两千年前，人类的祖先就发现了三角形的稳定性原理，发明了三角桁架并将其广泛应用在古代住房的木制屋盖中。三角桁架与梁、拱一样，是古代建筑实现跨越的最主要方法 • 为了增加三角桁架的强度，人们尝试增加腹杆，演变出很多更复杂的形式，如图所示为最简单的演变"单柱桁架结构" （1）搭建单柱桁架结构 （2）构件替换、安装力传感器 （3）对该桁架的构件进行力学特征分析 ［展示与交流］：分析该结构一个侧面的受力情况 	了解单柱桁架结构为三角桁架结构的演变 和小组同学合作搭建单柱桁架结构，并替换构件安装力传感器，对该结构的单侧面进行受力情况分析，记录数据，判断杆件受力情况	通过单柱桁架结构的搭建与测试，引导学生通过实验对复杂的三角桁架结构进行受力情况分析
	小结回顾	1.力与形变：拉、伸、弯曲、扭曲、剪切 2.典型结构受力与形变 （1）简支梁 （2）三角桁架 • 探究结构构件的受力形式	认真听讲	通过小结与回顾，巩固本节课所学知识内容

3.立足思维发展，评价项目

（1）项目方案的科学性

从知识结构的角度来看，本项目具有高度的综合性，既包含纵向的知识深度，也涵盖横向的学科融合。项目内容注重科学、技术和工程领域知识的相互联系，强调学科知识的有机结合,使学生既能掌握核心的通用技术知识,又能在此基础上融入物理、美术等学科知识,从而全面提升学生的综合能力,促进其全面发展。

从探究活动的角度来看,本项目具有较强的实践性。项目从解决实际问题出发,每一项任务都对应多个学习活动,学生通过参与这些活动,不仅获得了相关的技术知识和方法,还能够将所学知识应用到具体的任务设计中(如"设计制作桥跨结构模型")。在这一过程中,学生亲自动手操作和思考,体验技术工程与生活的紧密联系,实现知识的实际运用,进而达成学习目标。

(2)学习模式的创新性

项目化学习以学科中的关键概念和能力为基础,将项目化学习的设计元素融入学科教学中,通过解决实际问题的过程培养学生的高阶认知能力。项目设计将低阶认知与高阶认知有机结合,通过任务驱动使学生获得批判性思维、元认知能力、问题解决能力以及沟通与合作能力等关键能力。

"设计与制作桥跨结构模型"这一项目通过整合单元学习内容和设计单元教学活动,突破了传统单课教学的限制。通过提出指向单元核心概念和内容的驱动性问题——"如何设计制作桥跨结构模型",促使学生自主解决问题。在持续的探究活动中,学生经历了"分析问题—任务细分—逐步解决—最终产出"这一系列完整的学习过程。这种延续性和创新性的学习模式有效推动了学生的深度学习,促使学生不仅理解技术知识,还能将其应用到实际问题中,进一步培养了学生的工程思维和创新能力。

(3)项目实施的可行性

项目化学习经常会面临三个挑战:知识观的转变、建立本学科的知识与真实生活世界的联系、教材重难点的设计与系统学习设计之间的平衡点。学科项目式学习很容易被卡在这三个挑战中无法落实。"设计制作桥跨结构模型"项目将知识定位于教材,从教材中的学科知识挖掘核心知识,避免散乱的知识点,为项目的实施奠定了基础。在本案例中,教材原有的教学活动容易让学生陷入认知陷阱,缺乏深度思考。在设计项目时,驱动性问题几易其稿,最终确定以制作桥跨结构模型为切入点,这样做有以下几个好处:一是材料易寻,操作性强;二是成果可见 ,学生能真切获取学习成就感;三是内容真实,与校园生活密切相连。高质量的驱动性问题为项目成功落实提供了保障。在本课例中,学习并不仅仅发生在课堂内,知识的传授者也不仅仅是教师。通过小组合作学习方式,将学习延伸到课外,获取知识的途径也更丰富。多样化的学习模式能有效保证课程落地,为每一个学生提供适合的学习模式与发展机会。

(三)运用仿真软件开展工程项目实践

运用信息技术手段可以让学生更直观地体验工程思维中的权衡比较和系统分析过程,仿真软件就是其中的代表。

1. 仿真软件有助于教师理解工程思维

工程是一项复杂的系统性工作，而许多通用技术教师大多数是从其他学科转岗过来的，因此对于工程思维这一概念相对陌生，甚至可能有一定的畏惧感，导致教学信心不足。原因在于，教师通常没有足够的时间和能力深入讲解工程项目中的大量设计计算和方案验证等工作，这些内容通常超出了中学课程的要求。然而，"Inventor"仿真软件提供了简化版的典型工程项目，教师可以通过这一软件，轻松理解和运用工程思维。该软件在权衡比较和系统分析方面的功能体现得尤为突出，与教学内容紧密贴合，极大地简化了教师的备课工作。教师可以反复设计项目，校验不同参数的变化，而无需面对大量的专业数据计算。

2. 仿真软件有助于学生在"做"中理解复杂的工程思维

仿真软件能够将学生带入接近真实的工程情境，让学生通过可视化的方式直观地看到自己设计的结果。学生可以通过修改不同参数，进行权衡比较和系统分析，这一过程既简化了真实工程情境中的复杂性，又保留了足够的可操作性和互动性，使学习过程既富有趣味又富有教育意义。这种学习方式非常适合高中阶段的学生，能够帮助他们在实际操作中深刻理解和掌握工程思维，从而更好地应对复杂的技术问题。

3. Inventor 三维建模和应力分析在结构设计中的教学实践

"设计制作桥跨结构模型"项目要求学生经历结构设计的一般过程：明确设计目标与要求—形成初步设计方案—制作桥梁模型—检测、优化与改进设计—展示与交流。在这一过程中，学生可以借助 Inventor 三维建模来实现初步设计方案的构建，而在检测、优化与改进设计的过程中，Inventor 的应力分析功能可以实时测试结构的受力情况，并根据测试结果及时优化设计方案。这一过程在结构设计中通常是一个循环与迭代的过程。

（1）通过 Inventor 三维建模设计桥跨结构

桥跨结构模型的要求如下：设计一座桥梁的桥跨结构模型，可采用任意结构形式。结构模型的长度 L_1 为 600 ± 5 mm，宽度 D 不得大于 90 mm，桥体最低处离保护垫（保护垫约 20 mm 厚）距离 h_1 不得小于 100 mm，桥墩 h_2 高为 320 mm，桥墩桥跨结构可制作区域如图阴影部分所示。

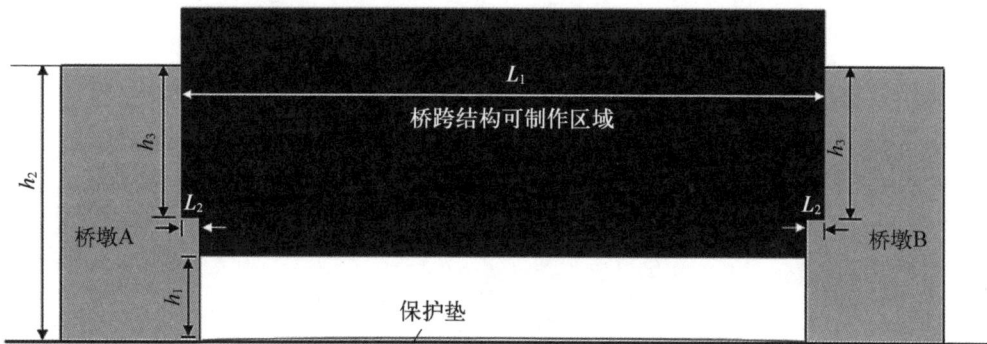

图 5-3　桥跨结构可制作区域及加载台（两个桥墩）示意图

学生将在 Inventor 实体设计软件中进行桥跨结构模型的建构(如图 5-4 所示),并可根据设计需求自由选择结构形式。

图 5-4　桥跨结构模型

(2)通过 Inventor 应力分析测试桥跨结构安全系数

Inventor 设计软件支持应力分析功能,通过该功能,学生可以在设计阶段评估所设计结构的材料和形状是否满足应力要求,从而避免因反复测试和制作所导致的材料浪费和课时不足等问题。

在应力分析环境中,学生可以为结构设置"材料""固定约束"和"载荷"等边界条件。运行分析后,可以查看在这些边界条件下,结构的应力分析结果(如图 5-5 所示)。从桥跨结构的分析结果可以看出,结构的不同部位出现了不同程度的形变。形变量越大的部位,其最小安全系数也相应越低。根据分析结果,桥跨结构的最小安全系数为 0.75,未能满足设计要求,因此需对该结构进行重新设计与优化。

(在应力分析中,安全系数是一个关键指标。结构中材料所受的高应力区域安全系数较低,而低应力区域安全系数较高。在工程设计中,最小安全系数通常要求在 1.5 至 5 之间。)

(3)通过 Inventor 应力分析结果优化桥跨结构

从图 5-5 的应力分析结果可以看出,桥跨结构模型的下表面"X 结构"部分存在安全系数较低的情况,因此需要对该部分进行加固和改进。重新设计后的结构模型如图 5-6 所示。

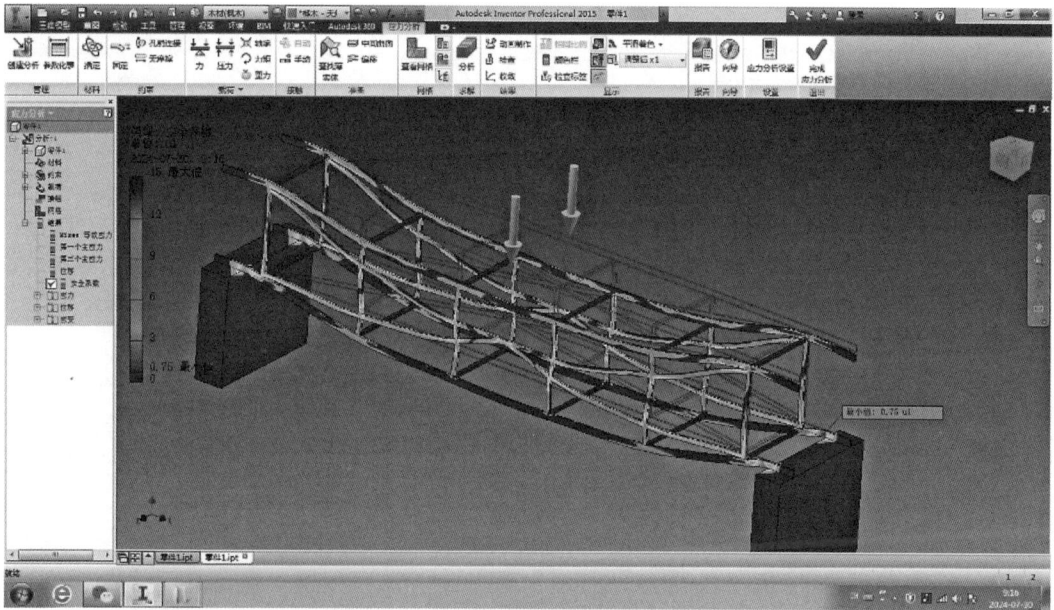

图 5-5　桥跨结构模型应力分析结果

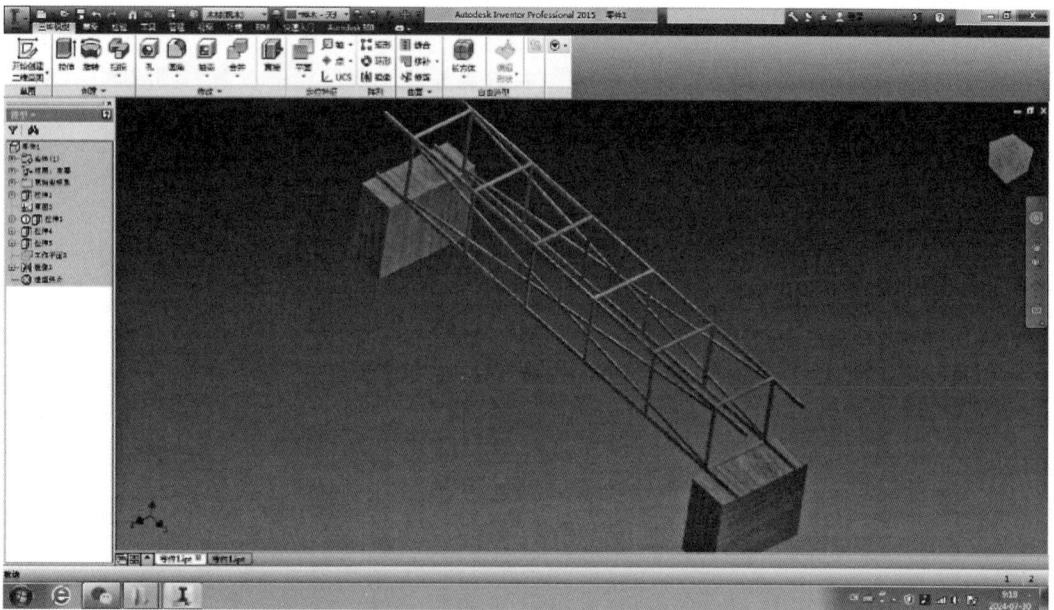

图 5-6　优化后的桥跨结构模型

在保持相同边界条件的情况下,重新对优化后的模型进行应力分析。从图5-7的应力分析结果可以看到,此时模型的最小安全系数已提高至1.38,较优化前的0.75有了显著改善。

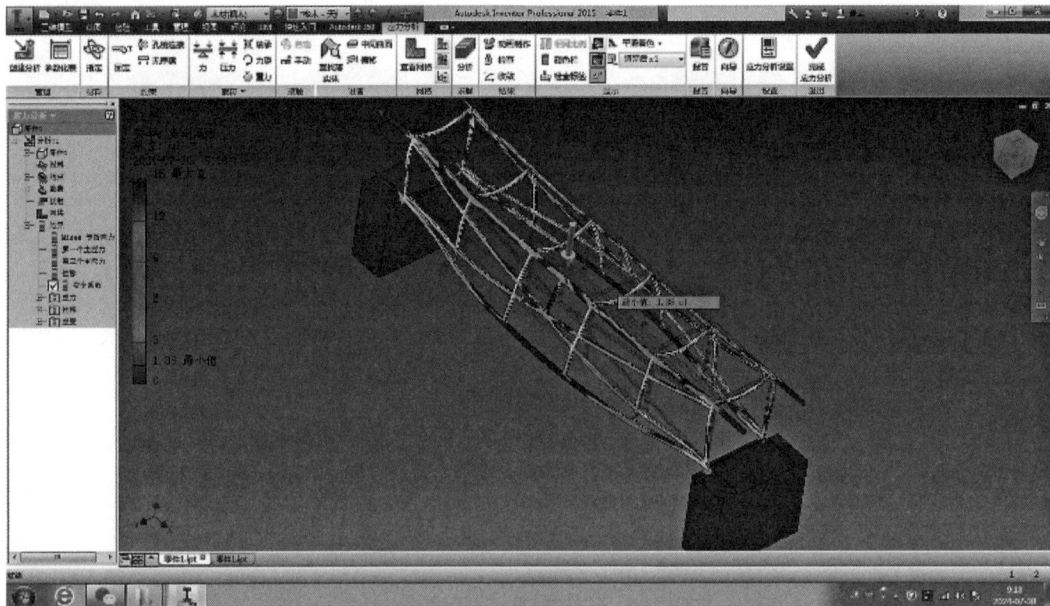

图5-7　优化后的桥跨结构模型应力分析结果

通过在Inventor实体设计仿真软件中的主动探究与实践,学生深入体验并理解了结构模型的设计、测试与优化等核心概念,从而加深了对结构设计全过程的理解。实践证明,利用Inventor仿真软件进行工程实践是完全可行的,不仅提高了工程实践的效率和效果,还有效解决了中学通用技术课堂中开展工程实践的难题。这种方式不仅帮助学生在实践中发展了创新设计能力和工程思维,还促进了学科核心素养的培养,进一步提升了他们在技术领域的综合能力。

三、单元教学案例

"技术设计过程"单元教学设计 *

（一）单元教材教法分析

1. 单元教学内容分析

"技术设计过程"是高中通用技术必修1第2单元的学习内容。本单元内容由技术设计的一般过程、技术设计原则分析与优化、技术设计的表达三部分组成。通过本单元的学习,让学生在熟悉技术设计的一般过程中,学会从多角度分析并进行方案的设计,了解比较、权衡、优化等系统分析的方法。在对用户特定的需求和需求解决的主要技术问题上,能借鉴技术设计案例和技术规范,尝试制定解决技术问题的方案,获得参与技术创新设计的愉悦情感体验。在学

---

* 此单元教学设计由复旦大学附属中学刘烨和杨浦高级中学郑延芳提供。

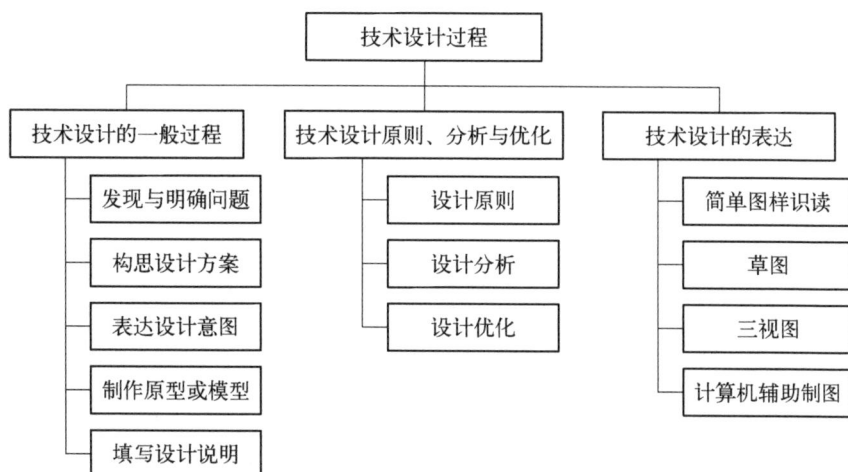

图 5-8　单元内容结构

习识读机械、电子等技术领域常见的技术图样的基础上,学会用较详细的草图、三视图和计算机辅助制图等技术语言表达技术设计方案,并使用设计文件、日志等记录设计的创意、过程和结果。从而培养学生的创新设计、图样表达、工程思维和物化能力等学科核心素养。

2.单元学情分析

通过初中劳动技术学科的学习,学生已经初步了解简单作品设计的一般方法,在教师的引导下,学会了简单手工作品的设计与制作。对于设计过程中的构思方案、绘制草图、制作作品和交流展示等环节相对比较熟悉。

高中阶段,学生要熟悉技术设计的一般过程,根据设计的一般原则制定设计方案,并通过技术试验等方法对多种方案进行比较和权衡,形成最优方案。从设计对象而言,高中阶段的作品更复杂,需要涉及工程、物理、艺术等多个学科知识。从设计过程而言,更强调检测和优化设计方案,学生需要通过技术试验,对方案进行比较、权衡和优化,从而发展工程思维。

(二)单元教学目标

单元目标的"目标描述"部分的依据为课程标准,"对应学习要点"部分取自教材的相关表述,"学习水平"以通用技术学科核心素养水平以及课程标准学业质量要求为依据。

表 5-7　单元教学目标

目标序号	目 标 描 述	对应学习要点	学 习 水 平
01	熟悉技术设计的一般过程,经历发现与明确问题、制定设计方案、制作原型或模型、优化设计方案、编写技术作品说明书等技术设计环节的实践	技术设计的一般过程	技术意识 3 水平二 工程思维 1 水平三 创新设计 1 水平三 创新设计 2 水平二 物化能力 3 水平四

目标序号	目　标　描　述	对应学习要点	学习水平
02	根据设计的一般原则,运用一定的设计分析方法,制定符合设计要求的完整设计方案。并通过技术试验等方法,对多个方案进行比较、权衡和优化,形成最佳方案	技术设计原则、分析与优化	技术意识 1 水平二 工程思维 3 水平二 创新设计 3 水平二 创新设计 4 水平三 创新设计 5 水平三
03	说明技术语言的种类及其应用,识读简单的机械加工图、效果图等常见的技术图样。运用手工绘图工具和简易绘图软件绘制草图、简单的三视图,用恰当的技术语言与他人交流设计思想和成果	技术设计的表达	图样表达 2 水平二 图样表达 3 水平三

表 5-8　单元课时建议

教　学　内　容	参考课时
技术设计的一般过程	3 课时
技术设计的表达	5 课时
技术设计原则、分析与优化	4 课时

（三）单元教学重点与难点

1. 单元教学重点：技术设计的一般过程、技术设计的表达。

设置原因：技术设计的一般过程不仅仅是一个具体的技术问题,更是一种系统性的方法论。学习这一过程可以帮助学生培养分析问题、提出解决方案和实施方案的能力,是通用技术学科的核心学习内容。

突破方式：采取"爬楼梯手拉车设计"的大项目形式,让学生通过项目实践,经历技术设计的一般过程,初步学会技术设计的方法,掌握识读图样、绘制图样等技术设计的表达方法。

2. 单元教学难点：技术设计分析与优化。

设置原因：通用技术学科强调培育学生的工程思维,工程思维是以系统分析和比较权衡为核心的一种筹划性思维。对于高中学生来说,要独立进行技术设计分析与优化具有较高的难度,因为它具有多样性和复杂性,需要综合考虑多种要素进行整体规划。

突破方式：采取技术试验的方式,探究"爬楼梯手拉车"不同设计方案的优缺点,用结论作为优化改进的依据。

（四）单元活动规划

1. 单元学习活动设计说明

本单元教学实施的全过程采取大项目的形式。通过"爬楼梯手拉车"的项目设计,让学生了解技术设计的一般过程,掌握方案构思及其方法、图样识读与绘制、模型制作及其工艺等方面的一些基本知识与基本技能,具有运用技术方法解决技术问题的基本能力和基本经验,初步形成关于技术的人技关系、权衡决策、方案优化等技术思想与方法。通过技术设计的交流与评价,增强使用技术的自信心和责任心,培养良好的批判性思维和创造性思维品质。

2. 单元学习活动安排

表5-9　单元学习活动设计

核　心　任　务		活　　动	核心知识
爬楼梯手拉车的设计	任务1: 明确设计需求,构思设计方案	活动1-1:明确爬楼梯手拉车需求	技术设计的一般过程
		活动1-2:收集爬楼梯手拉车产品信息	
		活动1-3:构思爬楼梯手拉车车轮设计方案	
	任务2: 表达设计意图,绘制设计草图	活动2-1:绘制爬楼梯手拉车车轮草图	技术设计的表达
		活动2-2:绘制爬楼梯手拉车车轮三维模型	
	任务3: 制作原型或模型,优化设计方案	活动3-1:制作爬楼梯手拉车车轮模型	技术设计原则、分析与优化
		活动3-2:优化爬楼梯手拉车车轮模型	

3. 学习活动设计举隅

表5-10　"构思爬楼梯手拉车车轮设计方案"活动示例

活动名称	构思爬楼梯手拉车车轮设计方案
活动目标	
知道构思设计的方法,知道构思设计方案的一般过程,知道技术设计的一般原则,学会设计分析的方法和过程,知道设计方案优化的方法	
活动资源	
楼梯模型、几款爬楼梯小车模型、网络资源	
活动过程	
环节1:了解设计原则 　设计的一般原则既是设计的基本原则,也是我们评价设计作品的基本标准。一般需要满足科学性原则、实用性原则、安全性原则、美观性原则、经济性原则。根据设计的一般原则,制定设计方案。可以从设计原则的角度对轮子的设计进行分析,例如:对爬楼梯手拉车上台阶时,"十字型组合轮子""三叉型(又称Y型)组合轮子""大独轮"与台阶的高度、深度关系的分析;对爬楼梯手拉车上台阶时,每个轮子和台阶面接触时摩擦力对小车上台阶的影响的分析	

	环节 2：构思设计方案 　　介绍常见的构思设计的方法有组合法、列举法、头脑风暴法、设问法、仿生法等，并举例说明。介绍构思设计方案的一般过程，分为准备期、酝酿期、明朗期、验证期。学生按构思设计方案的一般过程对爬楼梯手拉车进行设计构思 环节 3：分析优化设计方案 　　介绍设计方案优化的一般方法，如设计原则优化、设计分析优化、比较和权衡优化、产品外观优化等，并举例说明。学生利用所学的设计原则、设计分析与优化方法，对爬楼梯手拉车车轮的设计进行优化实践
活动时间	40 分钟
活动评价	采用自评、互评和师评相结合的方式 1. 能够依据设计需求，制定多个符合一般设计原则和规范的方案 2. 在所制定的多个方案中选定满足设计要求的最佳方案，或改进原有方案

（五）单元作业设计

1. 单元作业设计说明

为更好地引导学生主动探究爬楼梯手拉车车轮的优化方案，本单元以作业练习、答案示例和解决方法为提示，让学生能利用课余时间自主完成车轮优化。

2. "爬楼梯手拉车车轮优化"作业设计示例

表 5-11　"爬楼梯手拉车车轮优化"作业设计示例

作业练习

请仔细观察下列图片，思考车轮卡台阶的原因，在现有基础上做进一步的设计优化

答案示例

车轮卡台阶的原因：

　　在课堂中，通过计算机软件的模拟和教师的分析讲解可以得知，当台阶高度 140 mm，车轮直径 100 mm 时，得出支架弧度的极限值是半径为 340 mm，只要半径小于 340 mm 的圆弧，理论上都是可以爬坡的（图示中支架弧度半径为 300 mm），但是之所以现在卡台阶，是因为这个结论必须有个前提条件，那就是台阶必须是一个标准的 90 度直角台阶！仔细观察图片可以发现，台阶的角度并不是一个标准的直角，而是有一个明显的凸起，所以 340 mm 的极限值在这里就不成立，需要根据图片中台阶的实际情况进行测量，得到准确数据后重新计算，才能得到极限值。这也再次验证了课堂中所提到的有关设计优化的知识点：设计优化不是一次就能成功的，它是一个渐进的过程

解决方法

1. 可以使用手锯、锉刀、砂纸等木工加工工具,改变现有支架的弧度,使它不再卡台阶
2. 根据图片中台阶的实际情况进行重新测量,得到准确的数据,使用实体设计软件重新进行支架设计,再使用激光切割机制作新的支架板,使它不再卡台阶

(六)单元评价设计

1. 单元评价设计说明

单元评价应基于学科核心素养和学业质量标准,围绕具有挑战性的学习任务,进而实现学科核心素养的进阶发展。评价不仅关注学生的学习成果,还涉及对学生学习过程、态度、行为等多方面的评价,通过对课堂观察、学生发言以及小组活动的学习过程等多个方面进行评价,确保评价与学习目标、学习内容保持一致。

2. 持续性学习评价

表5-12　单元任务评价表

需评价任务(活动)	任务评价描述
任务1:明确设计需求,构思设计方案	能通过调查等方式,了解用户特定需求和需要解决的主要技术问题 能通过多种渠道搜集各种信息并进行处理,初步确定爬楼梯手拉车的设计需求 能制定一个或多个满足需求的爬楼梯手拉车的设计方案,并在多个设计方案中,初步进行设计方案的比较、权衡
任务2:表达设计意图,绘制设计草图	能绘制爬楼梯手拉车车轮的草图并交流设计构想 能绘制爬楼梯手拉车车轮的三维模型,并进行优化和改进
任务3:制作原型或模型,优化设计方案	能完成爬楼梯手拉车车轮模型的制作,并对模型进行基本的技术指标测量 能运用模拟试验或数学模型来考虑各种影响因素,进行决策分析和性能评估,并对爬楼梯手拉车车轮的模型进行优化和改进

3. 重要的评价工具

表5-13　单元活动评价表

需评价活动	评价内容	评价指标	评价方式	赋值方法	评价主体
活动1-1:发现生活中爬楼梯手拉车的需求	发现明确问题	能通过调查等方式,了解用户特定需求和需要解决的主要技术问题	观察	课堂回答问题	自评
活动1-2:明确爬楼梯手拉车的设计需求	收集处理信息	能通过多种渠道搜集各种信息并进行处理,初步确定爬楼梯手拉车的设计需求	观察	学案	他评

需评价活动	评价内容	评价指标	评价方式	赋值方法	评价主体
活动1-3：构思爬楼梯手拉车的设计方案	构思设计方案	能制定一个或多个满足需求的爬楼梯手拉车的设计方案,并在多个设计方案中,初步进行设计方案比较、权衡	观察	报告PPT	师评
活动2-1：绘制爬楼梯手拉车车轮的草图	表达设计意图	能绘制爬楼梯手拉车车轮的草图并交流设计构想	观察	学案	自评
活动2-2：绘制爬楼梯手拉车车轮的三维模型	表达设计意图、设计分析优化	能绘制爬楼梯手拉车车轮的三维模型,并进行优化和改进	观察	报告作品	他评
活动3-1：制作爬楼梯手拉车车轮的模型	制作原型模型	能完成爬楼梯手拉车车轮模型的制作,并对模型进行基本的技术指标测量	观察	报告作品	他评
活动3-2：优化爬楼梯手拉车车轮的模型	设计分析优化	能运用模拟试验或数学模型来考虑各种影响因素,进行决策分析和性能评估,并对模型进行优化和改进	观察	报告PPT	师评

第六章　促进学生核心素养培育的学科 教学建议(高中美术)

上海市杨浦区教育学院　潘　玮

一、单元教学关键问题分析

(一) 问题的提出

1. 如何将地域文化资源融入美术大单元教学设计中?

首先,将地域文化资源融入美术大单元教学设计中,能够极大地丰富教学内容,使美术教学更加贴近学生的生活实际和情感体验。学生可以通过了解和探索本土文化,增强对家乡文化的认同感和自豪感,进而激发对美术学习的兴趣和热情。

其次,地域文化资源的融入有助于培养学生的跨文化理解力和尊重不同文化的态度。通过引入多元文化的美术作品和组织跨文化的美术活动,学生可以拓宽视野,增强文化自信,培养全球视野和本土情怀。

再次,将地域文化资源融入美术大单元教学设计中,还有助于推动美术教育的创新与发展。教师可以结合地域文化特色,设计具有创新性和挑战性的学习任务,引导学生在实践中学习和应用美术知识和技能,促进其全面发展。

杨浦区独特的地理环境、历史遗迹、民俗风情等为美术教育提供了丰富的素材和灵感。将地域文化资源融入美术大单元教学设计,不仅能够丰富教学内容,使美术教学更加贴近学生的生活实际,还能增强学生对本土文化的认同感和自豪感,培养学生的文化自信。

最后,地域文化资源的融入还有助于打破传统美术教学的局限性,促进美术与其他学科的交叉融合。通过跨学科的教学设计,学生可以更全面地理解地域文化的内涵与价值,提升综合素养和创新能力。

2. 如何设计美术跨学科融合的大单元深度学习活动?

美术跨学科融合的大单元深度学习活动以核心素养为导向,通过整合多学科知识,形成综合性、深度化的学习任务,旨在提升学生的审美感知、艺术表现、创意实践和文化理解能力。此类学习活动不仅涵盖美术学科的核心内容,还通过与其他学科的交叉融合,促进学生综合素养的全面发展。

当前,在美术跨学科融合大单元学习活动的设计中,普遍存在的问题包括:未能设计整体性、综合性的学习任务;未能充分体现学科间的关联性和融合度;未能引导学生在完成任务的同时强化艺术经验和跨学科学习方式的养成;未能有效帮助学生实现美术知识、技能与跨学科能力的结构化等。部分教师可能仍局限于传统的美术教学方法,未能真正实现跨学科融合与深度学习的目标。

美术跨学科融合的大单元深度学习活动设计,是高中美术整体课程设计中的重要环节。学生以问题探究为导向,在跨学科的美术实践活动中经历学习过程,通过不断反思与调整,最终对所学的技能、思维方式和艺术体验等进行总结与提炼,从而全面提升美术核心素养及跨学科的综合能力。因此,如何巧妙地设计这种跨学科的、深度融合的大单元学习活动,成为教师在实施以素养为导向的美术单元教学实践中所面临的一大挑战。

3. 如何根据深度学习需求设计美术大单元实践活动?

深度学习和单元教学都致力于发展学生的核心素养,根据深度学习需求设计美术大单元实践活动,是在核心素养导向下,通过以学生为中心,在真实的学习情境中,从揭示问题开始,围绕问题开展美术单元主题性探究活动,强调学生在单元学习过程中的主动参与和深度理解。深度学习视域下的美术单元教学设计旨在整合复杂琐碎的美术知识、融合与美术学科本体高度关联的跨学科知识,引导学生构建有意义的、全面的知识网络,并运用知识与技能解决问题。基于深度学习需求设计美术大单元实践活动能够促进学生全面发展,图像识读、美术表现、审美判断、创意实践和文化理解等高中美术学科核心素养,是实现学生全面成长的重要途径。

当前,有关基于深度学习需求设计美术大单元实践活动,还存在一些问题:教师未能将深度学习理念很好地融入大单元学习活动中;未能开展主题性、研究性的教学活动,学生无法开展深入的学习;教学未能基于学生的生活情境,教师设计的美术活动与学生的生活有距离感;部分教师未能采用多元化教学方法,教师教学形式单一,学生无法通过深度学习实现单元教学目标。

(二) 问题的价值

1. 丰富教学内容与提升文化认同

将地域文化资源巧妙地融入美术大单元教学设计中,不仅能够极大地丰富教学内容,使美术教学更加贴近学生的日常生活和实际需求,还能有效增强学生对本土文化的深入了解和认同。通过这种方式,学生可以更加直观地感受到美术与本土文化的紧密联系,从而在他们心中播下尊重与包容多元文化的种子,为他们成为具有全球视野和本土情怀的新时代青年打下坚实的基础。

2. 促进综合素养与创新能力培养

通过设计跨学科融合的大单元学习活动,教师可以打破学科壁垒,促进美术与其他学科的交叉与渗透。这种跨学科的教学方式不仅能够拓宽学生的视野和思维,还能够培养他们的综合素养和创新能力。例如,将美术与历史、地理等学科相结合,可以帮助学生更好地理解艺术作品的时代背景和文化内涵;将美术与信息技术相结合,可以提升学生的数字素养和创新能力。在这样的学习活动中,学生需要运用多学科的知识和技能来解决问题,从而培养了他们的综合思维和解决问题的能力。

3. 强化实践应用与深度学习体验

根据深度学习需求精心设计美术大单元实践活动,能够确保学生在学习过程中有足够的时间和空间进行深入探究与实践。这样的设计不仅有助于学生巩固和深化所学的美术知识与技能,还能让他们在实践中亲身体验到深度学习的乐趣和成就感。通过实践活动,学生可以更加直观地感受到美术学习的实际应用价值,从而进一步激发他们的学习兴趣和动力,形成持续学习的良好习惯。与此同时,教师可以更加全面地了解学生的学习情况,准确评估他们的批判性思维、创新能力和综合素养。

4. 构建知识与培养美术学科核心素养

教师设计具有挑战性的学习主题,可采用项目式学习、探究式学习、合作学习等多种教学方法,开展深度学习的美术大单元实践活动,让学生在全方位参与学习活动中获得更深层次的理解和体验,以促进学生综合素养养成,全面发展。

根据深度学习需求设计美术大单元实践活动,并在真实学习任务下构建美术学科知识,确定与学生生活经验相关的大单元主题和基本问题,设计开放性和探究性的学习任务,强调愉悦的审美体验,设置问题情境以促进对话性学习,持续提供评估和反馈,以及引导学生进行反思和总结。这样,学生不仅能够围绕基本问题展开学习,还能培养批判思维和探究精神,逐步形成美术学科核心素养。

5. 增强教师全面掌控、规划和执行教学的能力

深度学习与单元教学设计的结合,为教师的能力培养提供了明确的方向和方法。教师需要深刻理解单元教学设计的核心原则,包括统整性、层次性和育人性,并且熟练掌握从教材解读到评价反馈的整个设计流程,这样做不仅能提高教学设计的科学性和系统性,还能增强教师整合教学内容的能力。通过精心设计的大单元主题及跨学科知识的融合,教师可以有效地将分散的知识点串联起来,构建出一个有机且完整的知识体系。

在教学实施过程中,教师需要具备创设教学情境的能力,能够将学生的实际生活和教学内容巧妙结合,设计出既生动又富有启发性的教学环境。同时,教师的引导能力也至关重要,需要引导学生进行主动性、对话性学习,关注学生的思维过程和情感体验,并提供及时的指导和反馈,以促进学生的深度学习。

在评价环节,教师应建立一个多元化的评价体系,这个体系以学科核心素养为基础,注重学生知识迁移的能力。通过综合运用形成性评价和终结性评价,教师能够全面、客观地评价学生的学习成果,从而提高教学评价的准确性和有效性。这种评价体系不仅能够帮助教师及时了解学生的学习情况,还能根据评价结果进行反馈和改进,调整教学策略和方法,以提高教学质量。

深度学习与单元教学设计的结合为教师的能力培养提供了全面的框架,从教学设计到教学实施,再到教学评价,每一个环节都旨在提升教师的专业素养,最终实现促进学生深度学习的目标。

二、单元教学关键问题解决

(一)将地域文化资源融入美术大单元教学设计中

在"双新"课改背景下,高中美术教育正经历着深刻的变革。随着新课程改革的推进,高中

美术教育逐渐转向以学生为中心,注重培养学生的图像识读、美术表现、审美判断、创意实践和文化理解能力。在这一背景下,将地域文化资源融入美术大单元教学设计,成为提升高中美术教育质量、促进学生全面发展的重要途径。

上海作为一座历史悠久、文化底蕴深厚的城市,拥有丰富的地域文化资源。这些资源不仅为美术教育提供了丰富的素材,也为美术大单元教学设计提供了广阔的空间。

1.地域文化资源在美术大单元教学设计中的价值

(1)丰富教学内容,增强教学吸引力

地域文化资源具有鲜明的地域特色和深厚的历史底蕴,将其融入美术大单元教学设计中,可以极大地丰富教学内容,使美术教学更加生动、有趣。例如,在"美术鉴赏"课程中,教师可以结合上海的地域文化特色,选取具有代表性的建筑、绘画、雕塑等艺术作品,引导学生进行深入鉴赏和分析。这样不仅能够激发学生的学习兴趣,还能够增强教学的吸引力,提高教学效果。

(2)培养学生的文化认同感和自豪感

地域文化资源是民族文化的重要组成部分,将其融入美术大单元教学设计中,可以帮助学生更好地了解本土文化,培养学生的文化认同感和自豪感。在上海书画出版社《普通高中美术(必修):美术鉴赏》中,第二单元即为"源远流长的中国美术",在第5课"土木营造"的授课过程中,教师通过讲述上海老建筑的历史背景和文化内涵,引导学生感受建筑背后的时代印记和文化烙印,从而激发学生对传统文化的热爱和尊重。这种情感的培养对于学生的全面发展和文化自信的建立具有重要意义。

(3)促进美术与其他学科的交叉融合

地域文化资源的融入还可以促进美术与其他学科的交叉融合。在"土木营造"的课例中,教师不仅引导学生从美术的角度鉴赏建筑作品,还结合历史、地理等学科的知识,帮助学生全面了解建筑背后的时代背景和文化内涵。这种跨学科的教学方式有助于拓宽学生的知识视野,培养学生的综合素养和创新能力。

2.地域文化资源融入美术大单元教学设计的具体策略

(1)深入挖掘地域文化资源,精选教学内容

在美术大单元教学设计中,教师应深入挖掘地域文化资源,精选具有代表性和教育价值的教学内容。例如,在"美术鉴赏"课程中,教师可以选取上海具有代表性的建筑作品,如外滩建筑群、豫园、龙华塔等,引导学生从建筑的形式、结构、材料等方面进行深入鉴赏和分析。同时,教师还可以结合建筑背后的历史背景和文化内涵,帮助学生全面了解建筑作品的艺术价值和文化意义。

例如:上海市同济中学沈晓萍老师在执教《普通高中美术(必修):美术鉴赏》的第二单元"源远流长的中国美术"第5课"土木营造"的过程中,选择了上海具有代表性的老建筑作为教学内容,如旧上海市政府大楼、上海图书馆等。这些建筑作品不仅具有鲜明的地域特色和深厚

的历史底蕴,还能够与"美术鉴赏"课程中的相关知识点进行有机结合。例如,在鉴赏旧上海市政府大楼时,沈晓萍老师引导学生从建筑的形式、结构、材料等方面进行深入分析,并结合建筑背后的历史背景和文化内涵进行拓展讲解。这样不仅能够帮助学生全面了解建筑作品的艺术价值和文化意义,还能够培养学生的跨学科思维能力和综合素养。

（2）创设真实的学习情境,激发学生探究兴趣

为了激发学生的学习兴趣和探究欲望,教师应创设真实的学习情境,让学生在身临其境中感受地域文化的魅力。以"土木营造"为例,教师可以组织学生实地考察上海的老建筑,让学生亲身体验建筑的历史氛围和文化底蕴。在考察过程中,教师可以引导学生观察建筑的形式、结构、材料等特点,并结合历史、地理等学科的知识,帮助学生全面了解建筑背后的时代背景和文化内涵。这种真实的学习情境不仅能够激发学生的学习兴趣和探究欲望,还能够培养学生的观察力和思考能力。

例如:在"土木营造"一课中,沈晓萍老师选择了学生身边的（学校一条马路之隔的杨浦区图书馆）、区域内的、具有代表性的上海老建筑作为教学内容,以便创设真实的学习情境。与此同时,沈晓萍老师利用假期组织学生开展"人文行走",实地考察了上海的老建筑。这种学习方式不仅能够让学生身临其境地感受建筑的历史氛围和文化底蕴,还能够激发学生的探究兴趣和创造力。在考察过程中,沈晓萍老师在引导鉴赏的过程中,结合了历史、地理等学科知识进行综合分析。同时,还鼓励学生提出自己的问题和见解,促进师生之间的互动和交流。通过这种学习方式,学生不仅能够获得丰富的知识和体验,还能够培养自己的观察力和思考能力。

（3）注重评价反馈和持续改进,确保教学质量

在美术大单元教学设计中,教师应注重评价反馈和持续改进,以确保教学质量。例如,在"土木营造"一课中,教师可以通过观察学生的实地考察表现、小组讨论情况和作品创作成果等方面,全面了解学生的学习情况和掌握程度。同时,教师还可以邀请专家进行点评和指导,帮助学生发现自身的不足和需要改进的地方。通过评价反馈和持续改进的方式,教师可以不断优化教学内容和教学方法,提高教学质量和效果。

例如:在实地考察过程中,教师可以通过观察学生的表现、小组讨论情况和作品创作成果等方面全面了解学生的学习情况和掌握程度。同时,教师还可以邀请专家进行点评和指导,帮助学生发现自身的不足和需要改进的地方。通过评价反馈和持续改进的方式,教师可以不断优化教学内容和教学方法,提高教学质量和效果。此外,教师还可以鼓励学生进行自我反思和总结,促进自己的成长和进步。

（二）设计美术跨学科融合的大单元深度学习活动

设计美术跨学科融合的大单元深度学习活动,是一个旨在提升学生综合素养、激发创新思维与培养解决问题能力的综合性过程。以下从三大点详细具体地阐述如何设计这样的活动。

1. 明确学习目标与学科融合点

首先,教师需要明确跨学科融合大单元学习活动的总体目标,这包括美术学科的核心素养目标以及跨学科能力的培养目标。在此基础上,教师应深入分析不同学科之间的关联性,找出可以相互融合的知识点和技能点。

例如:上海财经大学附属中学的王思遐老师在设计《普通高中美术(选择性必修1):绘画》的第三单元"光与色的辉映——色彩"第10课"体验色彩——心灵的演绎"的过程中,考虑到本课是该单元的第2课,具有承上启下的教学意义,因此在设计学习内容时,从色彩的基本原理出发,引导学生逐步探讨色彩与情感的微妙联系,深入分析绘画作品中色彩的运用,进而探索色彩在日常生活中的应用实践。形成一个由浅入深、层层递进的知识体系。

本课的学习起点是学生在初中阶段已经奠定的色彩基础知识,他们已能够运用不同的色调进行创意性表达。在此基础上,本课的学习目标设定为两个层次:一是认知层面的提升,要求学生了解色彩心理的形成原因,认识到色彩不仅仅是视觉现象,更是情感传递的重要媒介;二是应用与实践的深化,即理解色彩对情感传递的作用,并能够在实际创作中加以运用。

为实现上述目标,王思遐老师的课程内容设计注重学科间的融合与递进。首先,以美术学科为核心,深入解读19—20世纪中外不同流派的绘画作品,引导学生观察和分析这些作品如何通过色彩来反映工业革命时代背景下的社会变迁与视觉艺术的革新。此环节旨在增强学生的艺术鉴赏能力,同时让他们认识到色彩运用与时代背景的紧密联系。

其次融合历史学科视角,探讨不同历史时期和社会环境下,画家们如何通过色彩表现方法的变化来反映其情感世界的变迁,从而让学生理解历史变迁对艺术创作的影响。

然后进一步结合心理学知识,引导学生探究色彩如何影响人的情绪与心理状态,理解不同色彩搭配所引发的情感反应差异。最后鼓励学生尝试运用色彩创作来表达个人的内心情感,实践色彩的情感传达功能,实现从理论到实践的跨越。

这样的学习目标所对应的学习活动设计不仅促进了学科间的交叉融合,也提升了学生的综合素养。学生在学习的过程中,不仅能够深入探索色彩的奥秘,还能在此过程中深化对自我情感的认知,并对艺术的发展历程有更加深刻的理解。

2. 设计综合性学习任务

在确定了学习目标和学科融合点后,教师需要设计综合性、挑战性的学习任务。这些任务应能够激发学生的探究兴趣,促使他们主动运用跨学科知识解决问题。

例如:在《普通高中美术(选择性必修5):工艺》中的第10课"地域特色"的基础上,王思遐老师重新构建了具有校本特色的"遇见国粹,非遗绒花"单元。将传统文化学习与起源于唐代的非遗绒花技艺体验巧妙地结合在一起。

在学习活动中,围绕"古画中的绒花""名著中的绒花""影视剧中的绒花""冬奥会中的绒花"四个部分的单元学习内容,融合了美术、历史、语文以及信息技术的学科特点和学科核心素养,来拟定具体任务、提炼关键问题、设计学习活动以及预设主要成果、主要评价内容等。

该单元的学习任务设计不仅着重探索绒花的艺术价值和文化内涵,感受大国工匠的精湛技艺与精神,更致力于激发学生们对于非遗工艺的未来发展和创新路径的深入思考。从而进一步点燃学生对国粹的浓厚兴趣与深切热爱。

综合性学习任务设计框架如下:

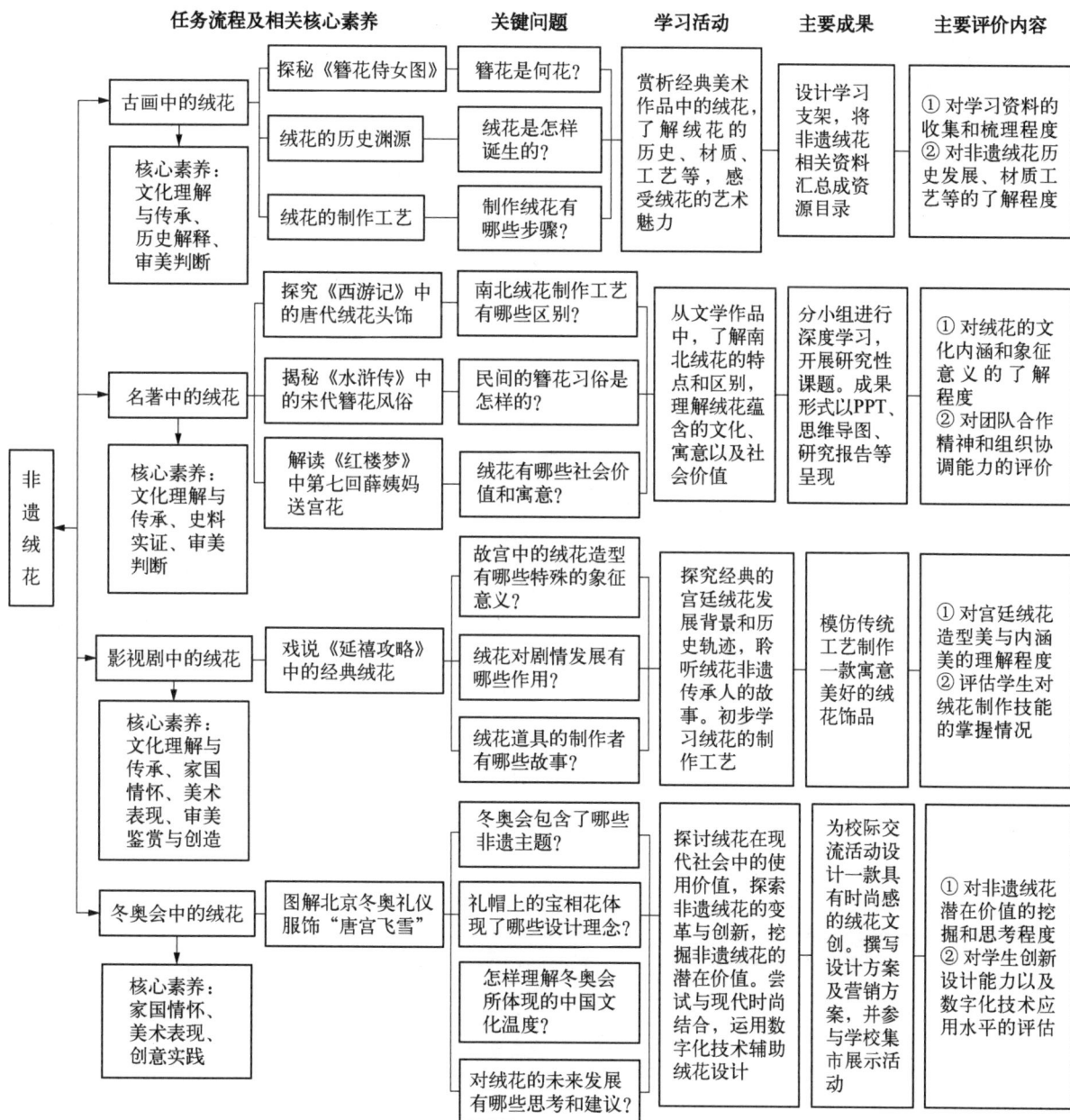

任务流程及相关核心素养	关键问题	学习活动	主要成果	主要评价内容
古画中的绒花 → 探秘《簪花侍女图》／绒花的历史渊源／绒花的制作工艺 核心素养:文化理解与传承、历史解释、审美判断	簪花是何花? 绒花是怎样诞生的? 制作绒花有哪些步骤?	赏析经典美术作品中的绒花,了解绒花的历史、材质、工艺等,感受绒花的艺术魅力	设计学习支架,将非遗绒花相关资料汇总成资源目录	① 对学习资料的收集和梳理程度 ② 对非遗绒花历史发展、材质工艺等的了解程度
名著中的绒花 → 探究《西游记》中的唐代绒花头饰／揭秘《水浒传》中的宋代簪花风俗／解读《红楼梦》中第七回薛姨妈送宫花 核心素养:文化理解与传承、史料实证、审美判断	南北绒花制作工艺有哪些区别? 民间的簪花习俗是怎样的? 绒花有哪些社会价值和寓意?	从文学作品中,了解南北绒花的特点和区别,理解绒花蕴含的文化、寓意以及社会价值	分小组进行深度学习,开展研究性课题。成果形式以PPT、思维导图、研究报告等呈现	① 对绒花的文化内涵和象征意义的了解程度 ② 对团队合作精神和组织协调能力的评价
影视剧中的绒花 → 戏说《延禧攻略》中的经典绒花 核心素养:文化理解与传承、家国情怀、美术表现、审美鉴赏与创造	故宫中的绒花造型有哪些特殊的象征意义? 绒花对剧情发展有哪些作用? 绒花道具的制作者有哪些故事?	探究经典的宫廷绒花发展背景和历史轨迹,聆听绒花非遗传承人的故事。初步学习绒花的制作工艺	模仿传统工艺制作一款寓意美好的绒花饰品	① 对宫廷绒花造型美与内涵美的理解程度 ② 评估学生对绒花制作技能的掌握情况
冬奥会中的绒花 → 图解北京冬奥礼仪服饰"唐宫飞雪" 核心素养:家国情怀、美术表现、创意实践	冬奥会包含了哪些非遗主题? 礼帽上的宝相花体现了哪些设计理念? 怎样理解冬奥会所体现的中国文化温度? 对绒花的未来发展有哪些思考和建议?	探讨绒花在现代社会中的使用价值,探索非遗绒花的变革与创新,挖掘非遗绒花的潜在价值。尝试与现代时尚结合,运用数字化技术辅助绒花设计	为校际交流活动设计一款具有时尚感的绒花文创。撰写设计方案及营销方案,并参与学校集市展示活动	① 对非遗绒花潜在价值的挖掘和思考程度 ② 对学生创新设计能力以及数字化技术应用水平的评估

(左侧主标题:非遗绒花)

3.实施过程性评价与反思

在活动实施过程中,教师应注重过程性评价,及时给予学生反馈,帮助他们调整学习策略。评价可以包括学生在跨学科融合过程中的参与度、创新思维的展现、问题解决能力的提升等方面。同时,教师应鼓励学生进行自我反思,让他们思考在跨学科融合学习中所获得的经验和教训,以及如何将这些经验应用到未来的学习和生活中。

例如,针对《普通高中美术(选择性必修2):中国书画》中的"书法篆刻"单元,上海财经大学附属中学王思遐老师设计"我是策展人"这一学习活动时,巧妙融合了美术、信息技术、语文、历史等多学科的知识与技能,旨在深入学习与理解"书法篆刻"单元中所学习的各种书体,结合海派地域文化特色进行创作并展出,以此引导学生对书法艺术未来发展和传统文化转型的深度思考。活动设计以《普通高中美术课程标准(2017年版2020年修订)》为指导思想,侧重于高中美术创新实践素养的落实,强调在美术活动中应着重培养学生的创新意识,并引导他们积极运用创意思维和创造方法。活动设计还结合我区"学生创新思维和综合能力培育项目"中创新素养培育的三个要素明确了活动目标,从创新人格、创新思维、创新实践三个维度进行评估,突出过程的表现性评价。充分发挥评估的诊断、评价、发展以及反思功能。

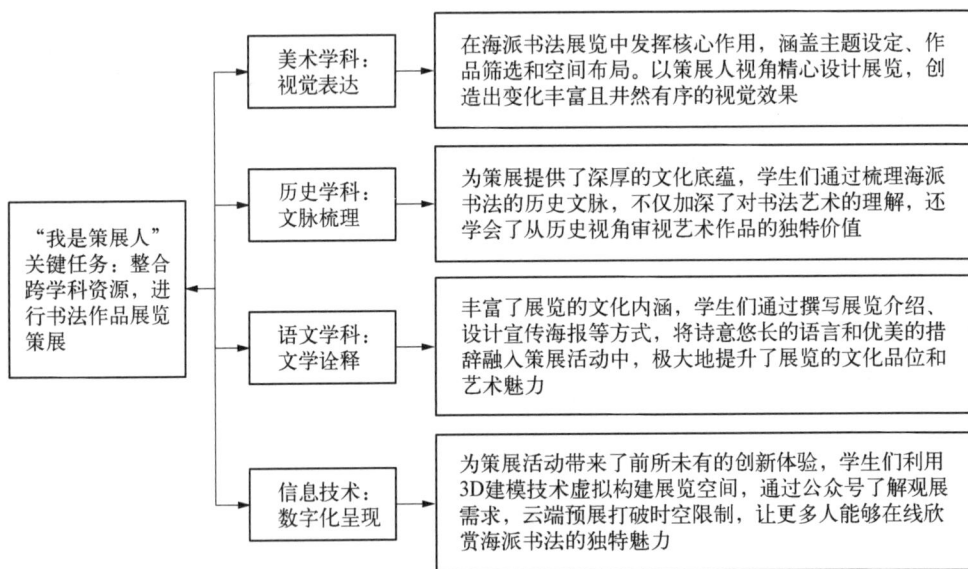

表6-1 "我是策展人"活动创新素养目标

素养要素	素 养 目 标	主 要 路 径
创新人格	激发好奇心和想象力;形成团结协作和坚持不懈的精神	①通过策展准备,激发学生对海派书法的探索欲望。创作富有艺术感染力的作品 ②面对问题和困难,兼顾独立思考与团队协作,选择最佳解决方案 ③勇于挑战新事物,坚持不懈完成任务

素养要素	素 养 目 标	主 要 路 径
创新思维	多角度思考和预设活动流程；不断拓展和更新想法	① 从历史、艺术等多角度审视和理解海派书法 ② 为策展活动提供新颖见解，质疑不合理的方面 ③ 识别海派书法中的创新元素，理解其在当代的意义
创新实践	培养资源利用和问题分析能力；提升跨学科整合和批判性思维能力	① 综合运用多学科知识，为策展活动提供全面方案 ② 针对实际问题，尝试新的策展方法和展示方式 ③ 通过活动反思，预测艺术领域发展趋势，为海派书法传承与创新作贡献

表6-2　指向创新素养培育的"我是策展人"活动表现性评价

维度	领域	描　述	自评	互评	师评	改进
创新 人格	好奇心	对海派书法充满好奇，勇于探索未知，不断挖掘海派书法的深层魅力，为策展注入源源不断的新意				
	坚持不懈	面对挑战，学生毫不退缩，持续努力，不断优化策展方案，直至实现最佳效果				
	协作	学生间紧密合作，共同策划，相互支持，共同解决策展中的难题，充分体现团队协作能力				
	自律	学生自我约束，严格按照计划执行，确保策展活动有序进行，展现出高度的自律精神				
创新 思维	灵活性	根据实际情况灵活调整策划方案。遇到新的问题或挑战时，能够迅速转变思路，寻找新的解决方法				
	流畅性	策展思路清晰流畅，各环节衔接自然，确保活动顺利进行，展现高效执行力				
	独创性	策展方案独具匠心，展现学生独特创意，使展览成为海派书法艺术的独特展示平台				
	精致性	细节处理精致入微，注重观展体验，使展览呈现出完美的艺术效果，彰显精致之美				
创新 实践	问题分析	精准把握问题本质，深入分析策展难点，挖掘策展亮点，为创新实践奠定坚实基础				
	资源利用	充分挖掘和利用信息技术资源，跨界整合，为策展提供有力支撑				
	观念践行	积极践行创新观念，以创新思维指导实践，推动策展活动发展，为传统艺术注入活力				
	成果生成	注重传统文化与现代审美理念的融合，深化对海派书法的理解，呈现出独特的艺术魅力				

(三)根据深度学习需求设计美术大单元实践活动

根据深度学习需求设计美术大单元实践活动,以学生为主体,采用项目式学习、探究式学习、合作学习等多种教学方法,让学生在实践中学习和应用美术知识和技能解决问题,促进学生全面发展。具体从以下几点阐述如何设计符合深度学习需求的大单元实践活动。

1. 规划学习主题及单元教学目标

在高中美术教育领域,培养学生美术学科素养是美术学科的重要目标。规划以学生为主体的研究性教学设计,以自主、合作、探究形式进行大单元深度学习,能在真实情境中发现问题、分析问题和解决问题,在深度学习中促进学生美术核心素养的发展。

例如:《普通高中美术(必修):美术鉴赏》第二单元的第9课"时代强音"的学习内容主要包括三个板块:为革命而创作、见证历史主旋律、展现时代新风貌。上海理工大学附属杨浦少云中学姚媛老师根据深度学习单元设计的特征,重新整合内容,聚焦"为革命而创作"板块进行木刻版画内容的拓展延伸,开展木刻版画项目化学习。姚媛老师首先确定单元学习主题"铁笔代刀——探索抗战时期木刻版画的艺术魅力",确定单元学习大概念:探索黑白木刻版画,创作反映时代特征的美术作品。设定单元学习目标:(1)熟练掌握木刻版画的制作流程,理解抗战时期木刻版画中黑白对比、疏密变化、黑白转化以及灰调的运用;(2)熟悉木刻版画创作中常用的三种刀以及刀法的组成及运用,体验刀法与情感的表达,运用木刻版画的形式进行主题创作;(3)学生经历从项目规划、资料收集、实践操作到作品评价的完整过程,培养自主学习能力、问题解决能力和创新思维;(4)在小组合作学习中,提高团队协作意识和沟通能力,学会合理分工、协同合作,共同完成项目任务;(5)加深对爱国主义精神的理解和对英雄的敬仰之情,增强对木刻版画艺术的热爱之情,培养审美情趣和艺术素养。

2. 设计单元学习任务及教学实施

确定单元主题和学习目标之后,开始设计单元学习任务。由教师提供真实活动和学习任务,学生在任务驱动下,以自主、合作、探究方式展开深度学习,在活动实施过程中激发学生的创新思维,在创新实践中生成成果,培养美术核心素养,促进全面发展。

例如:《普通高中美术(必修):美术鉴赏》第一单元"走进美术鉴赏"是学习教材中其他课程内容的基础知识,学生通过本单元学习,了解美术鉴赏的概念和意义,掌握美术鉴赏的基本方法,体会作品题材内涵的人文性以及艺术语言的多样性。姚媛老师根据深度学习单元设计的特征,重新整合内容,就主题内容而言,主要从四个方面具体实施单元教学:(1)美术鉴赏的概念与意义;(2)美术作品的构成要素;(3)美术鉴赏的过程与方法;(4)交流展评。

美术鉴赏的概念与意义	任务1	辨析鉴赏与欣赏的差异
	任务2	理解鉴赏在审美、人文美育方面的重要意义
	任务3	关注展品中的"标签卡",从中分析展品的信息,了解鉴赏美术作品的基本内容要素由哪些组成
美术作品的构成要素	任务1	理解美术作品的构成要素
	任务2	美术语言与形式法则的赏析
	任务3	针对某一美术作品,运用美术语言与形式法则进行画面分析
美术鉴赏的过程与方法	任务1	学习美术鉴赏的基本过程与方法
	任务2	学会绘制思维图的鉴赏方法
交流展评	任务1	分小组任选教材中的美术作品进行鉴赏学习的汇报
	任务2	组织实施学习评价

3. 单元学习评价与反思

在单元学习活动过程中,教师要注重对学生的学习过程进行评价,包括他们的参与度、合作能力、创新能力、解决问题的能力等。通过过程性评价、表现性评价、持续性评价,给予学生反馈和指导,帮助他们不断进步。

在单元活动结束后,要引导学生进行反思和总结,让他们回顾整个学习过程,总结学到的知识和技能,反思自己的成长和不足。通过反思和总结,帮助学生巩固学习成果,为未来的学习打下基础。

例如:以《普通高中美术(必修):美术鉴赏》第一单元"走进美术鉴赏"单元为例,上海理工大学附属杨浦少云中学姚媛老师针对其设计了表现性评价标准,评价学生单元活动作业。

评价内容	评 价 标 准	评 价 级 别		
		好 (5分)	较好 (3分)	须努力 (2分)
描 述	能用美术语言描述作品的特征,以及作品所引发的审美感受			
分 析	能分析作者如何运用形式原理组织造型元素,更好地表达作品的主题、内容或情节			

评价内容	评　价　标　准	评　价　级　别		
		好 (5分)	较好 (3分)	须努力 (2分)
解　释	能从文化历史、时代背景、艺术思潮等因素解释作者及其作品所产生的影响,以及作者通过作品想表达的思想			
评　价	能从历史、文化、社会、艺术等多角度评价这件作品,并形成自己的观点和理由			
综合评价总分				

三、单元教学案例

绝版套色木刻版画之"都市·印象"

(一) 学习内容分析

本项目的学习延续了"铁笔代刀——探索抗战时期木刻版画的艺术魅力"项目,学生在掌握木刻版画基本技法的基础上,结合上海地域文化,展开绝版套色木刻版画的探究。学生通过以创作描绘上海的大型绝版套色木刻版画为任务情境,以小组为单位,通过摄影家、画家、雕刻家、印刷工匠等多种角色开展项目化学习,完成大型绝版套色木刻版画。

(二) 学情分析

关于木刻版画,学生之前已经进行"铁笔代刀——探索抗战时期木刻版画的艺术魅力"项目化学习,已充分储备了木刻版画的基本常识。以"都市·印象"为主题开展的绝版套色木刻版画项目化教学实践既能让学生在驱动性任务中开展学习,提高美术素养,也能培养他们关注都市文化,爱生活、爱家乡的美好品质。

(三) 项目的活动与实施过程

1. 项目引领,明确思路

教师作为项目的引导者,通过搭建学习支架,为学生开展都市绝版套色木刻版画的学习提供稳固的支撑。笔者规划项目的设计思路(图6-1),设定学科大概念:绝版套色木刻版画能够更好地关注城市生活,反映不同的都市文化现象。另外,笔者设计系列驱动型问题,提供资源,辅助各项目组分析、解决问题。

"绝版套色木刻版画之都市·印象"通过三大子项目:"走进都市绝版套色木刻版画""解读都市绝版木刻版画技法""都市·印象绝版套色木刻版画创作与展示"贯穿整个项目进程,每一个子项目又分别由相应的2—4个课时组成,学生将通过为期8周的单元学习实践聚焦对现代都市木刻版画艺术的探究。

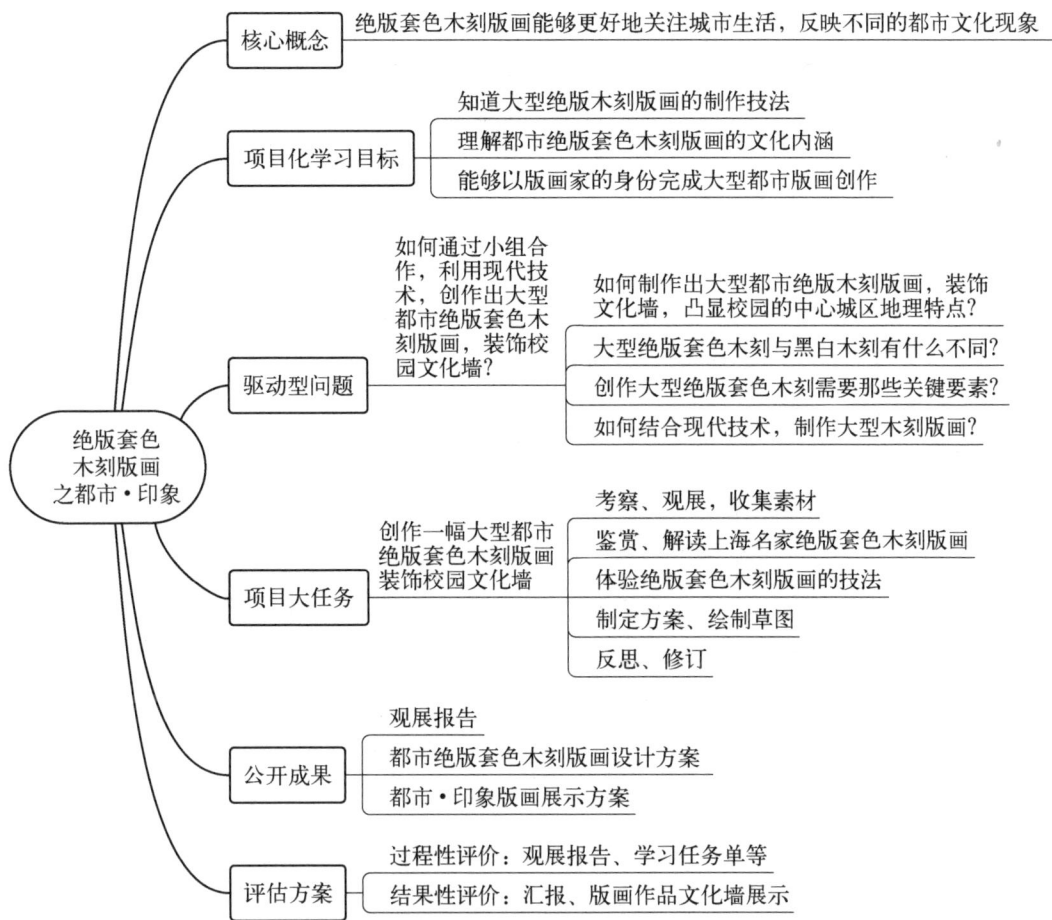

图6-1 项目设计思路图

2. 成立项目组,开展单元学习

(1) 成立项目组

确定项目内容和任务,成立项目组,根据组员的能力,明确任务分工。组内成员填写完成笔者课前发放的 KWH 表,在小组内分享关于木刻版画已经知道的知识、想要知道的相关内容和运用知识想要解决什么样的问题,并形成小组共同的问题清单,带着问题开展现代都市木刻版画单元探究学习。

(2) 情境导入,生成活动主题

本项目以现代都市木刻版画与新时代发展的真实情境为出发点,激发学生的创新思维,在创新实践中生成成果,提高美术素养,培养他们热爱生活的美好品质。

项目伊始,教师播放城市宣传片《上海》,引导学生思考——如果让你用大型绝版套色木刻版画来表现我们生活的上海,你会如何通过小组合作,利用现代技术,创作出大型都市绝版套色木刻版画,装饰校园文化墙?驱动型问题的提出,激发学生的学习兴趣,让学生从真实的情境中出发,探索什么是绝版套色木刻版画;绝版套色木刻版画需要哪些材料与工具,如何制作;与传统木刻相比它的创新点在哪里;如何结合新时代,表现都市的美好生活呢?这样有助于学生对知识的联想和迁移,为"都市·印象"大型绝版套色木刻版画的创作奠定基础。

(3)头脑风暴,开展实践探究

针对教师提出的驱动型问题,同学们开展有关刻画内容的头脑风暴:有的同学说想要刻画上海最为代表的地标——陆家嘴金融中心;有的同学说上海是中国革命的发源地,留下了宝贵的红色资源,想通过绝版套色木刻表现上海的红色文化;还有同学说想描绘都市快节奏生活。各项目组讨论,确定刻画内容,并针对性地考察上海具有代表性的文化景点和历史文化建筑,为创作收集素材。

各项目组走访上海图书馆、鲁迅纪念馆查找文献资料,观看版画展览,"岁月如金——馆藏金祥龙版画作品展(H5线上展览)",完成观展分析报告。走访版画工作室,观摩学校版画艺术创新实验室,了解木刻版画创作环境,思考创作一幅现代都市木刻版画作品,需要哪些关键要素,与传统套色木刻相比较,现代大型绝版套色木刻版画的创新之处在哪里?各项目组开展小组探究,得出大型都市绝版套色木刻版画的创新点主要体现在五个方面:创作观念、制作工艺、艺术呈现、现代技术、工具材料。在创作观念上紧贴时代发展,更加关注都市人生活;在创作中融入现代技术,利用摄影采集素材,运用PS技术处理画面效果;制作工艺与传统的套色木刻相比,采用"减版法"和一版多印;在工具材料上,如纸张、油墨、机器、滚筒、刻刀的质量要求更高;在艺术呈现上,作品构图更加有创意、尺寸规格由传统的小幅变成大幅,艺术家甚至已经不再仅仅展示版画作品,也展示原版,使得艺术呈现更加多样化。

(4)赏析名作,分析艺术特征

笔者提供鉴赏方法,各小组在对比分析中加深对绝版套色木刻版画的理解,能够归纳绝版套色木刻版画的艺术特征,为后续的创作奠定基础,同时在鉴赏过程中培养图像识读、审美判断的能力。例如小组探究活动:以杨柳青木版年画《连年有余》(图6-2)、金祥龙现代都市绝版套色木刻版画《上海浦东》(图6-3)为对象,探究两幅作品在创作观念、制作工艺、刀法组织、画面处理、工具材料方面的不同,完成学习任务单,进一步理解现代都市木刻版画艺术特征。

图6-2 《连年有余》   图6-3 《上海浦东》

（5）解读名家技法，完成课堂体验

学生解读、对比分析研究名家作品。以版画《城市成产品》为例，进一步剖析中国现代都市木刻版画技法，理解中国现代都市木刻版画的艺术特点，以及作品中所传达的时代精神，通过关注都市生活，将现代都市木刻版画的主题刻画与时代发展紧密结合。

在解读不同风格的名家作品中，运用对比分析，学习不同刀法的运用，理解其主题情感表达，借鉴名家刀法组织语言，进行"节奏"课堂实践体验活动，进一步加深对不同刀法的组织与运用。完成个人都市木刻版画刀法体验练习作业。

3. 分工合作，完成实践创作

各项目组成员明确任务分工，通过前期课程的学习，完成田野考察、搜集素材、赏析名作、学习名家技法、刀法体验等，为"都市·印象"大型绝版套色木刻版画创作奠定了基础。项目组刻画内容贴近主题，结合都市生活文化，关注城市生活与发展现状，基于借鉴和想象实现构思与创作，通过体验摄影家、画家、雕刻家、印刷工等角色开展项目化学习。

学生学习像摄影家一样拍摄，主题明确，走访城市角落，用照片记录"都市"海纳百川的都市文化，为主题创作搜集创作素材，将拍摄的照片素材置于课堂中交流、点评。

画家根据摄影家提供的素材，集组内成员的智慧和想法进行"都市·印象"的绝版套色木刻版画方案绘制。画家学会运用 PS 技术处理照片，制作套色版画效果图。设计稿主题突出、构图合理、有创意；画面色调搭配和谐、美观；刀法组织、光线运用合理。各项目组交流、分享设计稿，不断完善，确定最终方案（图6-4）。

图6-4　学生绘稿图　　　　　　　　图6-5　学生刻制图

雕刻家通过微课学习，学会绝版套色木刻版画的基本制作流程，确定刀法组织和色调"减版"顺序。借鉴名家刀法，根据画面的需要进行刀法的安排、刻制，学会运用三角刀、圆口刀、平口刀的技法组织画面，刀法变化丰富、线条组织合理，完成刻版任务（图6-5）。

印刷工紧跟雕刻家的步伐，规范操作，层层印制，可采用黑底法、白底法两种方法套印。掌握上墨技巧，用色均匀，按照印制流程完成作品印刷工作。按照国际要求，规范签字，完成作品。

在项目实践过程中,教师游走在各项目组之间,给予技术支撑,帮助各小组解决难题。最终,在小组成员的分工协作中,顺利完成"都市·印象"大型绝版套色木刻版画。

图6-6 《探索成功之路》

提到项目成果,以项目组一为例:刘同学项目小组作品《探索成功之路》(图6-6),采用绝版套色木刻的技法,借助独特的构图形式,立足于现代都市生活中年轻上班族的视角,探讨其面对生活的压力,如何走出困境,寻找属于自己的那道光。

4.展示交流,多维评价

本次项目化的学习成果以公开展示的形式呈现。各小组制作宣传海报,将成果作品展示在综合楼大厅文化墙,邀请师生共同参观,在现场摆放来访者对作品的评价表。此外,各小组将项目成果制作成PPT,现场讲解过程中,学生可结合PPT讲述在创作过程中遇到的困难以及解决办法,通过平时资料的记录,向全体师生展示创作过程。

项目化学习的评价注重对学生真实的学习过程及成果的记录、反馈,笔者针对学生的学习过程、学习成果设计了评价量表(表6-3、表6-4),全面检测学生对项目化研究的深度、对核心素养掌握的水平,也帮助学生清晰了解自己的学习过程,回顾点滴学习收获。

表6-3 项目化学习小组合作评价量规

姓名	班级		小组		日期	
评价项目	**得 分**		**描**		**述**	
研讨态度 (30%)	30—20		认真听取同学意见,全程关注研讨,积极思维,踊跃发言,能用规范用语			
	20—10		比较投入,能够听取大多数同学的发言,发言较踊跃,较多时候能用规范用语			
	10—5		对研讨的过程关注度一般,发言欠踊跃,发表观点不够规范			
	5以下		完全不听取研讨,不发表任何观点或吵闹			
语言表达 (40%)	40—30		能够自主清楚地表达观点和意见,思路清晰流畅			
	30—20		能够较好表达自己的意见,思路具有一定的条理性			

评价项目	得　分	描　　述
语言表达 （40%）	20—10	不能完全表达自己的意见,思路较混乱
	10 以下	完全不能表达或不表达自己的意见
观点合理 （30%）	30—20	客观理性地综述讨论的观点,在充分思考的基础上形成自己的意见
	20—10	表述观点基本正确,但部分则不够全面客观
	10—5	表述观点模糊,缺乏思考,部分观点错误或盲目跟从他人
	5 以下	没有自己的观点或表达观点完全错误,逻辑混乱
总得分		

表 6-4　"都市·印象"作业评价表

小组成员	学生 A	学生 B	学生 C	学生…………
承担任务				
完成情况				
自评结果				
互评结果				
师评结果				
总体评价				
说明:完成情况使用✓或者○标注,其他以优秀、合格、不合格三种标准评价。				

（四）评述与建议

"都市·印象"大型绝版套色木刻版画项目化学习案例中,教师将深度学习理念融入单元教学设计中,在单元学习中体现统整性、层次性和育人性,并融合历史、人文等跨学科学习。基于学生的生活情境,学生以任务驱动式活动开展单元主题学习,积极投入画稿、备版、转稿、刻制、上墨、修版的制作流程,学会像画家一样创作的过程,符合深度学习的理念。借鉴传统木刻版画,运用新的观念,结合新的工具、材料、技法等,刻画当下都市生活,完成大型都市绝版套色木刻版画,成果显著。在项目实施过程中,培养学生在复杂的真实情境中发现问题、思考问题、解决问题的能力,提升核心素养,促进全面发展。

第七章　促进学生核心素养培育的学科教学建议(高中体育与健康)

上海市民星中学　许　莹

上海市杨浦区教育学院　李　荔

体育与健康学科教学建议以《普通高中体育与健康课程标准(2017年版2020年修订)》为依据,聚焦学科核心素养培育,构建"单元整体规划—关键问题解决—教学案例示范"的三维实施体系。作为连接课程标准与课堂实践的枢纽,本建议着重解决单元教学设计中"内容结构化整合""任务情境化设计""评价全程化跟进"三大关键问题,通过逆向设计范式,引导教师从学科大观念出发,建立"素养目标—单元内容—学习任务—评价反馈"的闭环系统,推动体育教学从碎片化知识传授向整体性深度学习转型。本文以体育与健康学科中的健身健美操与操舞运动为例,针对单元教学中存在的关键问题进行分析,并结合案例片段寻求关键问题的解决方法,供大家参考与商讨。

一、单元教学关键问题分析

(一) 问题的提出

《普通高中体育与健康课程标准(2017年版2020年修订)》明确提出"以学科核心素养为导向"的课程理念,要求通过结构化内容设计培养学生运动能力、健康行为和体育品德。然而当前教学却依然存在素养目标虚化、内容结构化缺失、深度学习缺位等问题。运动能力培养停留于单个技术层面,缺乏"技术—战术—应用"的完整链条,教学内容碎片化现象突出,缺乏真实情境中的问题解决和高阶思维训练,导致学生难以形成完整的运动认知结构,迁移创新能力薄弱。内容选择是基础,任务设计是载体,评价实施是保障,共同指向核心素养的有效培育。基于此,本文针对内容、任务、评价三个关键问题进行分析。

1. 如何选择单元学习内容?

《普通高中体育与健康课程标准(2017年版2020年修订)》明确要求以学科大概念为核心构建结构化课程内容,但当前的单元教学仍停留在单个技术层面。学生面临"学完后不会应用"的碎片化学习困境,部分学生因缺乏"技术—战术—应用"完整链条导致运动兴趣衰减,"喜欢体育但不喜欢体育课"的现象普遍存在。体育教师则面临"目标—内容"转化难题:新教材虽高度概括核心素养目标,但未提供具体实施路径,导致体育教师在单元设计中存在内容选择的盲目性,在单元内容设计方面也存在困难,对于大概念的理解参差不齐。这种困境源于教师对"结构化内容"的理解偏差,将学科大概念等同于知识罗列,往往"抓到篮子里都是菜",学习内容的设计缺乏系统性、目的性、科学性和过程性,忽视了运动能力培养的连贯性,无法体现结构化和育人价值。

因此,教师要立足大单元视角,从聚焦"单个技术的教"转向聚焦"完整项目的学",基于学科核心素养的达成情况,依据学生的学习需要、运动体验、生活经验,选择学生喜爱的、能够学以致用的内容。

2. 如何设计与实施学习任务?

深度学习要求创设基于真实情境的挑战性任务,用任务凸显学习活动的整体性和结果导向。创设基于真实情境的学习任务,是教学中学生开展自主学习的有效载体,是达成学习目标、培育学科核心素养必要的学习手段和有意义的实践活动。但在实施过程中,依然存在"理念好、落地难"的现象,部分教师在教学过程中对于学习任务的设计与实施仍有疑惑,特别是面对《体育与健康》新教材,为了体现新课标精神,常常将简单的课堂提问等同于学习任务,或者把单一的学习活动等同于学习任务,把原来的"满堂问"变成了"任务串"。在有限的课堂教学中,学习任务并不是越多越好,任务的确定不是简单的目标堆砌,而是围绕一个核心任务或核心问题,在真实的情境中展开自主、合作、探究的学习活动。

因此,如何设计出具有情境性、挑战性、系统性的学习任务,引导学生在完成任务的过程中将学习任务转化为期望的学习结果,是教师们需要不断探索和完善的内容。

3. 如何实现"教、学、评"的一致性?

新课程、新教材强调以学生为中心,构建"目标—过程—结果"的动态反馈系统,推动教学从传统的知识传授向素养提升转变,对"教、学、评"一致性提出了新的要求。然而,部分体育教师受传统教育观念的桎梏,难以快速适应以学生为中心、素养导向的理念,在教学上仍注重知识单向传授,且对评价理念更新滞后,过度依赖终结性评价。在课程标准解读方面,部分体育教师存在解读不准确、有偏差的情况,个体之间也存在理解差异,影响教学和评价的一致性,加上新教材在内容结构上具有高度的综合性,使得教师在把握教材与课程标准之间的联系时面临诸多困难,进而在教学与评价的开展上感到无所适从。

在实施评价时,如何确保评价内容与教学目标相一致,将评价方式与教学活动相匹配,以及如何及时反馈评价结果以指导教学改进,也是教师面临的挑战。评价应该贯穿于教学的全过程,不仅要关注学生的学习成绩,还要注重学生的学习过程和进步情况。评价方式应该多样化,包括教师评价、学生自评和互评等,以全面、客观地评价学生的学习表现。同时,教师要及时反馈评价结果,让学生了解自己的优点和不足,以便及时调整学习策略,改进学习方法。

因此,教师需要深入理解课程标准的要求,迎接新挑战、形成新理解、探索新教学,通过"评价—教学"循环改进,推动课堂从"单向传授"向"素养生成"转型。

(二)问题的价值

学科核心素养作为课程改革的起点与终点,反映了教育理念的深刻变革与提升,旨在让体育教学更好地契合时代对学生综合素质培养的需求。教师需从多方面做出调整,明晰学习内容、学习任务、学习评价等教学环节的设计与落实,让深度学习切实发生,真正培育学生的核心素养。

1. 基于学科核心素养,精准选择学习内容,推动结构化教学落地

在体育教学中,传统模式侧重于零散知识与技能的传授,缺乏整体规划与结构化构建。而深度学习倡导构建"技术—战术—应用"的知识网络。通过对上述单元教学关键问题的研究,教师能依据学科核心素养,精准选择学习内容。例如,从专注"单个技术的教"转变为"完整项目的学",将单个运动技术融入完整项目体系,学生能清晰理解每个技术在项目中的定位与作用,精准把握知识与技能学习的关键节点。同时,在设计学习任务时注重系统性,摒弃孤立安排教学内容的做法,以相互关联、层层递进的方式呈现知识与技能。如此一来,学生得以构建完整的体育知识与技能体系,深刻领会体育学科的本质内涵,实现从碎片化学习向结构化学习的跨越,为深度学习筑牢根基。

2. 设计情境化、挑战性学习任务,为深度学习搭建实践平台

深度学习强调学生在真实情境中主动参与学习。教师将知识点融入实际比赛、体育活动等真实场景,设计具有情境性、挑战性的学习任务。学生置身其中,不再机械地重复练习,而是深度融合所学知识与技能,思考并解决实际问题。在这个过程中,学生的学习兴趣与主动性被充分激发,他们不仅能深入理解体育学科知识,提升实际运动应对能力,还能在实践中培养体育品德与团队合作精神等学科核心素养。真实而富有意义的学练情境,为学生提供了深度学习的广阔空间,使他们在探索与实践中实现知识的内化与能力的提升,真正达成"学会"且"会用"的学习目标。

3. 落实"教、学、评"一致性,促进学科内容主动建构与深度学习持续深化

深度学习要求构建"目标—过程—结果"的动态反馈系统。在结构化学习活动中,教师引导学生聚焦学习目标,在任务驱动下,结合真实情境开展自主探索与协作学习。"教、学、评"一致性使评价成为教学的关键环节。评价内容与学习目标高度契合,为教学双方指明方向,教学活动紧密围绕目标推进。学习评价让师生及时了解目标达成情况,以便针对未达成的目标及时调整教学与学习策略。通过"教、学、评"循环,不仅确保教学始终聚焦目标,更推动学科内容在师生互动中主动建构与生成。在此过程中,学生对学科知识的理解不断深化,学科能力逐步提升,学科核心素养得以全面培育,深度学习在持续优化的教学过程中不断向纵深发展。

二、单元教学关键问题解决

(一)选择单元学习内容

1. 深度研读课标,制定素养导向的学习目标

全面深入地研读课标是一切教学活动的前提和基础。教师要以课标为指引,深刻领会其

中蕴含的教育理念和教学要求,强化目标意识,明确通过目标引领内容与方法,按照运动能力、健康行为、体育品德三个方面梳理高中三年的目标。

例如,教师在安排高中三年健身健美操与操舞运动教学内容时,首先根据高中体育与健康课程的总目标和分目标,按照学科核心素养五级水平划分要求,将学科核心素养细化到具体的、可操作的学习目标。以健身健美操与操舞运动水平一和水平二核心素养目标要求为例(表7-1)。

表7-1 健身健美操与操舞运动核心素养目标要求

目标维度		水 平 一	水 平 二
运动能力	体能状况	了解体能对于个人学习和生活的重要性,能够在教师指导下制定体能锻炼计划并实施,柔韧性、协调性等有所提升	掌握科学锻炼的原理,能够积极参加多种体能练习并制定和实施体能锻炼计划,心肺耐力、柔韧性、肌肉力量和肌肉耐力等有所提升
	运动认知与技战术运用	掌握健身健美操与操舞运动的原理和基本动作技术,能够初步配合音乐节奏正确做出简单的身体姿态动作,手臂、步伐等组合动作,并能说出相应的动作术语,初步掌握获取健身健美操与操舞运动的途径和方法	掌握健身健美操与操舞运动的基本动作技术和组合动作技术,在音乐伴奏下协调连贯地完成组合动作并进行开始与结束造型创编,能够准确说出场地方向、动作方向、动作做法等术语并在教学环节中予以运用
	体育展示与比赛	在音乐伴奏下,协调、准确地完成操化动作,敢于进行展示或参加比赛。观看高水平比赛,初步了解健身健美操与操舞运动比赛规则,建立对健身健美操运动的正确概念	在个人或团队展示和比赛中,表现出良好的节奏感、协调能力和优美的姿态。观看高水平健身健美操与操舞运动全国比赛,加深对健身健美操与操舞运动的认识,基本掌握健身健美操与操舞运动比赛规则和评分标准,能够根据展演的动作进行简单的评价
健康行为	体育锻炼意识与习惯	认识体育锻炼对于健康的重要性,参与体育学习和课外体育活动,与他人分享健身健美操与操舞运动动作,养成良好的锻炼习惯	理解体育锻炼对于健康的重要性,积极参与校内健身健美操学习,能够运用掌握的健身健美操与操舞运动进行锻炼,形成自我技能提升的进阶目标,乐于与同伴进行交流,共同练习
	健康知识掌握与运用	了解健身健美操与操舞运动安全防护知识,知道健身健美操与操舞运动的基本技术动作和相关术语	能够安全地参与健身健美操与操舞运动,能预防和简单处理健身健美操运动中常见的运动损伤,掌握健身健美操与操舞运动的基本动作方法和相关术语,并能将其应用到健身健美操与操舞运动练习中

続　表

目标维度		水　平　一	水　平　二
健康行为	情绪调控和环境适应	在健身健美操与操舞运动中保持一定的情绪稳定性,学会简单的情绪调控方法,能够基本适应健身健美操与操舞运动学练的环境	在健身健美操与操舞运动中保持较好的情绪稳定性,能够妥善处理人际关系,积极与人交流合作,适应健身健美操与操舞运动学练的环境
体育品德	体育精神	具备初步识别健身健美操与操舞运动"美"的能力,在健身健美操与操舞运动学练中不怕困难,敢于进行个人和团体展示	在健身健美操与操舞运动学练中积极进取,敢于面对困难、克服困难,精神饱满,能够较好地展示动作的美
	体育道德	遵守纪律,能够按照要求参与健身健美操与操舞运动学习和比赛	能够按照规则参与健身健美操与操舞运动学习、展示和比赛,诚实守信
	体育品格	在健身健美操与操舞运动学练过程中能够关注同伴与对手,认识到自己所担当的运动角色	在健身健美操与操舞运动学练过程中尊重同伴、对手和裁判,了解运动角色的职责,并体验不同的运动角色

教师以表格的形式进行梳理,明确高中三年所要达成的核心素养目标,达到相应的学业要求,结合健身健美操与操舞运动项目特征并进一步将其细化为单元学习目标。以"健身健美操:手臂动作组合与术语的联结"单元为例,教师可将学习目标设计如下:

(1)熟练掌握健身健美操手臂动作组合,并能配合音乐节奏展现动作美感,提高身体控制能力和审美能力;在协调连贯完成组合动作的基础上尝试动作创编,大胆自信地进行展示;认识并理解健美操术语,能够在各种情境中记写和运用术语,尝试将术语与动作联结,能运用美术、音乐学科知识尝试制作健身健美操动作组合图解。

(2)通过单个动作、完整动作的强化练习,以及持续一定时间和强度的体能练习,发展上下肢力量,提高弹跳能力和腰腹肌力量;掌握正确的运动方法,能够根据自身情况及时进行强度、密度和情绪的调节。

(3)培养互助合作探究的学习品质,提高团队协作能力,逐步养成自尊自信,敢于展示自我等良好品质。

2.深挖教材(项目)特性,构建教学内容框架

在构建教学内容框架时,教师要用大观念视角,思考需要解决的四个问题:为什么教、教什么、怎么教、教到什么程度;同时从培育学生核心素养的视角把握整体教材,以学生角度明确四个问题:为什么学、学什么、怎么学、学到什么程度,并以此逆向设计高中三年教学内容框架。

例如,健身健美操与操舞运动主要从基础知识与基本技能、技战术运用、相关体能、创编与展示、规则与裁判方法、观赏与评价6个方面进行梳理,完成高中三年健身健美操与操舞运动教学内容结构图。

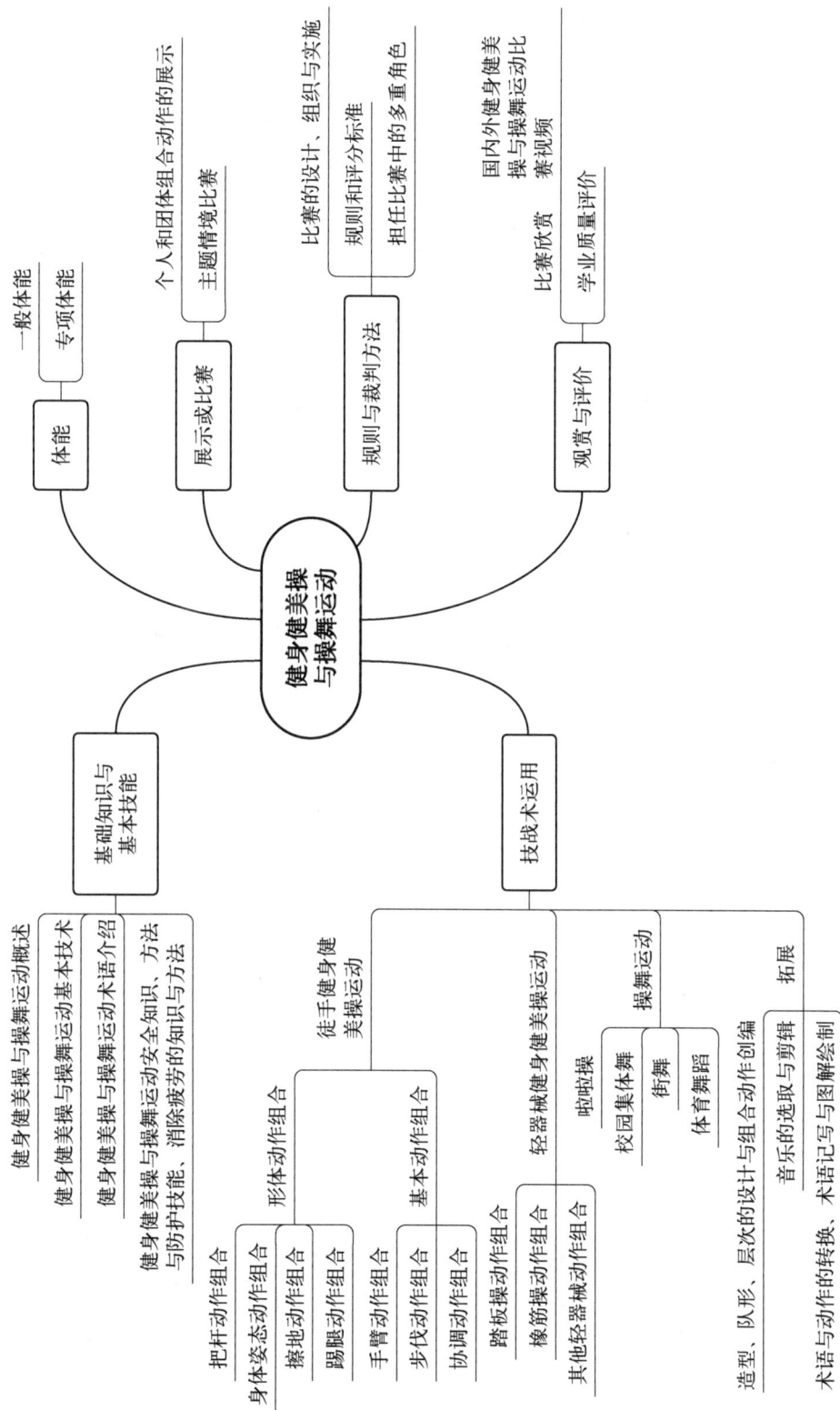

图 7 - 1 健身健美操与操舞运动教学内容框架图

3. 立足学情,确定单元学习内容

核心素养导向下的体育教学,要求体育教师摒弃之前单一、枯燥、碎片化的知识技能的学习,注重培养学生高阶思维,关注教学过程,强调教学的情境化和结构化,要求学生不仅能"学会",还要能"迁移与创造",能够综合运用所学知识去解决问题。因此,在单元教学设计的过程中,应以学生为中心,以运动能力、健康行为、体育品德三方面学科核心素养为发展目标,设计进阶性教学内容,完成"会感受—会想象—会创造"三个阶段的转变,实现深度学习。

例如,在进行健身健美操与操舞运动单元教学设计时,教师从学科大概念出发,结合学生实际情况,聚焦关键的学科知识和能力,对教材中"具有某种内在关联性"的徒手动作组合、轻器械动作组合与健美操术语等相关内容进行分析、解构、重组、整合,按照学科核心素养发展阶段,将本单元学习主题确定为"健美操:手臂动作组合与术语的联结",根据学生当前对知识与技能的掌握情况,对单元学习内容框架进行梳理,精心设计18课时单元教学内容,层层递进,引导学生对健美操知识与技能进行整体的认识、理解与运用。

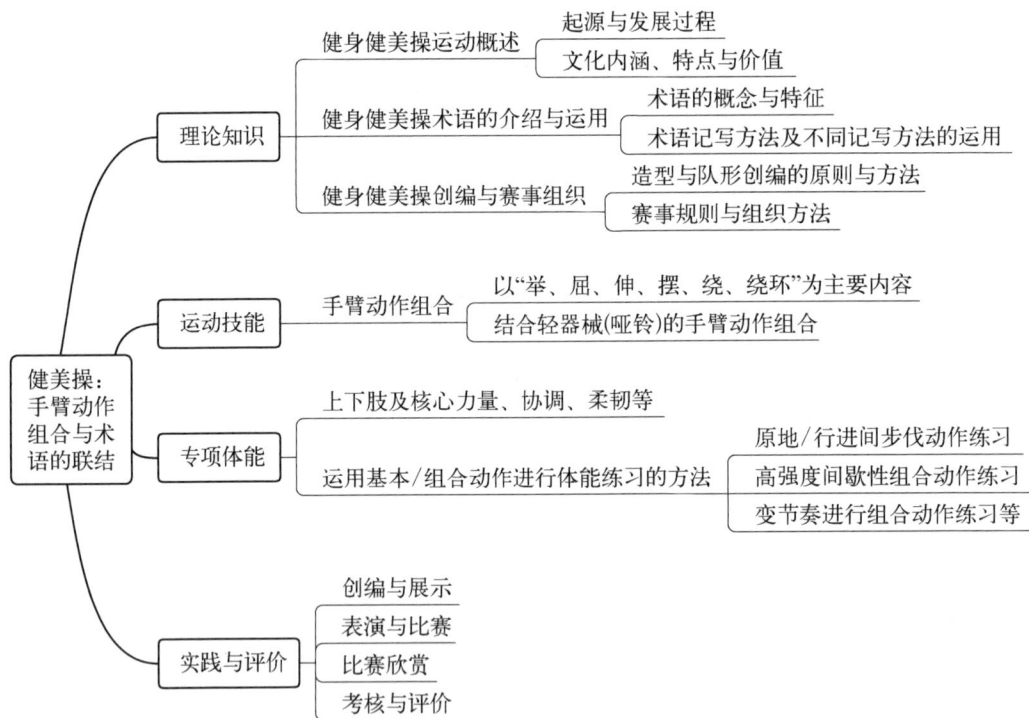

图7-2 "健美操:手臂动作组合与术语的联结"单元学习内容结构图

在初中学习过的健美操基本手型、步伐动作和简单的组合动作基础上,基于结构化教学设计,将理论知识、组合动作、相关体能、实践与评价等融入重构的18课时"健美操:手臂动作组合与术语的联结"单元教学内容中。

表7-2 "健美操：手臂动作组合与术语的联结"18课时单元教学内容

课时	内　　容	课时	内　　容
1	健身健美操与操舞运动简述与术语介绍	11	手臂动作组合(九)：髋部调整
2	手型、手臂基本动作	12	手臂动作组合(十)：手臂综合④
3	手臂动作组合(一)：开始部分	13	手臂动作组合完整动作串联
4	手臂动作组合(二)：举、屈、伸	14	组合动作创编(一)
5	手臂动作组合(三)：摆、绕	15	组合动作创编(二)
6	手臂动作组合(四)：绕环	16	手臂动作组合术语记写(一)：表格记写法等记写方法
7	手臂动作组合(五)：点步调整		
8	手臂动作组合(六)：手臂综合①	17	手臂动作组合术语记写(二)：术语记写展示与交流
9	手臂动作组合(七)：手臂综合②		
10	手臂动作组合(八)：手臂综合③	18	比赛准备及展演

(二) 设计与实施学习任务

1. 紧扣单元目标, 确定学习任务

单元学习目标是核心素养在单元中的具体化, 是学生在完成单元学习后学科核心素养达成情况的具体体现。单元"大任务"设计是落实核心素养的关键载体, 教师可以通过最终要达成的单元目标逆向设计单元大任务, 以大单元和大任务为载体, 结合教学内容结构, 进行任务分解, 创设多个子任务, 在单一的知识、技能之间建立有机联系, 将学习任务充分聚焦在实践运用上, 以真实情境中的具体问题为指向, 帮助学生在任务的完成或问题的解决中获得新知识、新技能。

就"健美操：手臂动作组合与术语的联结"单元而言, 不仅仅是要教会学生一套技术动作, 还要培养学生健美操术语与动作的转换能力, 关注学生在学习的过程中, 完成从学会到会学、会创编、会欣赏、会运用的转变。因此, 在进行"健美操：手臂动作组合与术语的联结"单元任务设计时, 教师根据单元教学最终要达成的目标提炼出具有强驱动力的大任务, 这个大任务是结合学生日常生活的实际创设的真实的任务情境, 以"顺利完成健美操比赛"为目标, 让学生在整个单元学习中沉浸式地投入"准备比赛"的氛围中；根据"比赛"的阶段性, 相应地拆分出数个子任务, 再将子任务落实到课堂中去分解为一个个小任务, 使任务贯穿于大单元学习的始终, 增强学习的目的性和任务意识, 便于知识的建构和能力的提高。

表7-3 "健美操：手臂动作组合与术语的联结"任务设计

单 元 目 标	大 任 务	子 任 务
1. 熟练掌握健美操手臂动作组合，并能配合音乐节奏展现动作美感，提高身体控制能力和审美能力；在协调连贯完成组合动作的基础上尝试动作创编，大胆自信地进行展示；认识并理解健美术语，能够在各种情境中记写和运用术语，尝试将术语与动作联结，能运用美术、音乐学科知识尝试制作健身健美操动作组合图解 2. 通过单个动作、完整动作的强化练习，以及持续一定时间和强度的体能练习，发展上下肢力量，提高弹跳能力和腰腹肌力量；掌握正确的运动方法，能够根据自身情况及时进行强度、密度和情绪的调节 3. 培养互助合作探究的学习品质，提高团队协作能力，逐步养成自尊自信、敢于展示自我等良好品质	本学期我们班将参加运动会的健美操比赛，同学们要完成两项任务。第一，结合本单元所学健美操知识与技能，每个小组改编 8×8 拍的健美操手臂动作组合，重新配以合适的音乐，拍摄成视频，经全班同学投票后选出最佳组合动作；第二，采用表格记写法分别对视频中动作的步伐、手臂、手型、方向等进行记写，制作成手臂动作组合图解，提供给班级同学学习	掌握手臂动作组合 展示手臂动作组合 完成手臂动作组合造型创编 完成手臂动作组合队形创编 运用表格记写法进行组合动作术语记写 制作手臂动作组合图解

2. 设计学习活动，推动任务有效落实

学习活动、学习目标与评价任务是教学设计的三个组成部分，它们是一个整体，在明确了学习目标和学习任务后，学习活动的设计尤为重要。高效且多样化的学习活动设计能有效推进课堂教学，通过整合不同情境下的具体教学任务，促进学生在不同情境下学会运用结构化的知识与技能完成不同的学习任务，解决不同的问题，从实践层面不断推进落实学科核心素养的培养。

例如，在"健美操：手臂动作组合与术语的联结"单元教学第4课时"手臂动作组合(二)"的学习中，教师将学习任务设定为"掌握手臂动作组合(二)"，并设计出与此配套的3个学习活动："连连看""节奏掌控""我行我秀"，帮助学生在学练中更好地掌握"举、屈、伸"等动作，建立术语与手臂动作转换的初体验，并尝试在展示情境、比赛情境中运用，将"学、练、赛"巧妙地融入课堂教学中。

表7-4 "第4课时 手臂动作组合(二)"学习活动设计

课时内容主题	学习任务	学 习 活 动
第4课时 手臂动作组合(二)	掌握手臂动作组合(二)	① "连连看"游戏：设置三种模式，难度依次递增，在10秒倒计时结束前将屏幕上呈现的术语与手型手位图片进行配对。将带有箭头标记动作路线的"举、屈、伸"等动作视频循环播放，在学练中体会动作路线与发力顺序

课时内容主题	学　习　任　务	学　习　活　动
第4课时 手臂动作组合(二)	掌握手臂动作组合(二)	②"节奏掌控"环节：进行节奏递增的手臂动作组合练习，在练习强度递增中不断增强动作的定位制动。采用"念动训练"的方法，将手臂组合动作在头脑中完整想象一遍，再跟随音乐练习 ③"我行我秀"环节：依据造型编排的基本规则，增加开始与结束造型，体现出层次分明、过渡自然的编排效果

(三) 实现"教、学、评"的一致性

1. 评价任务与学习活动相整合,追求"教、学、评"的一体化

单元学习评价是检验单元学习目标达成与否和引领学习过程展开的主要手段。在教学过程中,通过任务、活动的设计和实施,引导学生始终记得学习的目标,及时了解和反思自己的学习目标是否达成,为学生提供学习支架和资源支持,促使学生的深度学习能够真正发生。教师在进行学、练、赛活动设计与实施的同时,要配以相应的评价,检测学生的学习目标是否达成。

例如,在"健美操:手臂动作组合与术语的联结"单元教学的单元评价大任务设计中,教师将评价任务嵌入教学过程,实现"教、学、评"的一致性,这里的"评"既有针对运动技能的评价,也有对"学、练、赛"实施结果的评价。

表7-5　"健美操:手臂动作组合与术语的联结"单元评价大任务

评价任务	学习活动	学习支持	学　习　评　价				
创编手臂动作组合,运用健美操术语记写手臂动作组合	学习活动1:学习并掌握手臂动作组合	提供分解动作视频、音乐等资源	**"健美操:手臂动作组合"技能核查表**				
			检核内容	检核结果			
				完全符合	基本符合	基本不符合	完全不符合
			动作正确、路线准确				
			手臂动作快速到位、及时制动				
			动作之间衔接自然、流畅,与音乐协调配合				
			动作自信、有感染力				
			体现积极向上的情绪				

评价任务	学习活动	学习支持	学 习 评 价
创编手臂动作组合,运用健美操术语记写手臂动作组合	学习活动2:创设冲关情境,在规定时间,根据屏幕上的术语提示完成相应的手臂动作	"冲关你最棒"视频:共10个动作,根据屏幕上术语完成相应动作,与示范动作做对比,看一看你能做对几个	**"冲关你最棒"评价表** 	评 价 标 准	评价等第
---	---
能够根据术语正确完成9—10个动作	优秀
能够根据术语正确完成7—8个动作	良好
能够根据术语正确完成5—6个动作	合格
能够根据术语正确完成5个以下个动作	有待提高	
	学习活动3:创编4个8拍的手臂动作组合	提供不同的手臂动作组合的视频学习资源	**组合动作创编与术语记写评价表** 	评 价 标 准	评价等第
---	---
组合动作创编合理流畅,能够结合视频采用文字或表格记写法记写动作,术语表述规范准确	优秀
组合动作创编较合理流畅,基本能够结合视频采用文字或表格记写法记写动作,术语表述规范准确	良好	
	学习活动4:结合视频,采用表格记写法进行术语记写,小组进行交流	提供查阅资源的电脑、空白画纸和记号笔		组合动作创编比较合理流畅,在教师帮助下结合视频采用文字或表格记写法记写动作,术语表述基本准确	合格
组合动作创编不够合理流畅,采用文字或表格记写法记写动作时困难较大,术语表述不规范准确	有待提高	

2. 采用多样化的评价方法,关注学生的成长记录

传统的学生评价往往侧重于单一的成绩考核,例如通过定期测试来衡量学生对知识技能的掌握程度。这种评价方式虽然具有一定的客观性和可量化性,但它无法全面、动态地反映学生的学习过程、成长轨迹以及综合素质的发展。多元的评价方式应运而生,旨在从多个维度对学生进行评价,以更准确、全面地描绘学生的学习状况。

在健身健美操与操舞运动项目的学习中,教师通过评价表分析学生在一个阶段所取得的成绩与进步幅度。由于健身健美操每个学期所学习的操化套路不同,因此,教师设计了一个"健身健美操与操舞运动成长记录评价表",根据项目特点,选择节奏感、完成度、表现力、创新

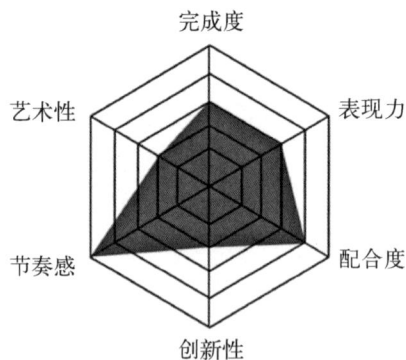

图 7-3 健身健美操与操舞运动成长记录评价图

性、艺术性、配合度 6 个观测点,可以每月进行 1 次评价,也可以自主制定评价时间,对评价表进行分析,根据不同观测点的分值得到如图 7-3 所示的六边形图案,根据学生的特长和弱点进行有针对性的练习,通过不断地学习与强化,学生的各个指标应该都会不断完善。对每一次的评价分析进行整合,会发现学生的成长趋势,有的学生甚至会成长为一个完美的"六边形战士"。

表 7-6　健身健美操与操舞运动成长记录评价表

班　级		姓　名		日　期	
观测点	评　价　标　准			评　价　分　值	
节奏感	节奏感强,能与音乐协调配合				☆☆☆☆☆
完成度	动作有力度和弹性,路线清晰、协调连贯				☆☆☆☆☆
表现力	具有很强的表现力,能展现健、力、美等特征				☆☆☆☆☆
创新性	造型创编新颖、合理,队形移动和变化流畅,能够充分体现动作方向、路线和空间的合理转换,能够与音乐完美结合				☆☆☆☆☆
艺术性	成套动作具备整体呈现效果,音乐、主题、文化表现凸显,感染力强				☆☆☆☆☆
配合度	有团队意识,小组成员分工明确、团结协作、相互鼓励、配合默契、共同提高				☆☆☆☆☆
评　语				总分	
				等第	

3. 强化反思性评价,基于评价反思改进教学

有评价,相对应的就会有反思。反思是实现新知的有效途径,这里的反思不仅仅是指教师的反思性教学改进,还有学生的学后反思,教师可以设计有效的"反思性导语"来帮助学生在反思中不断改进与提高。

例如,在"健美操:手臂动作组合与术语的联结"单元学习最后,教师可进行如下学后反思设计。

1. 本单元学习了哪些手臂动作?你能够复述出来吗?(复述水平)

2. 你能根据老师所教的组合动作,尝试将其改编成新的 4×8 拍手臂动作组合,并为其重新选配音乐吗?(关联水平)

3. 你能运用专业术语记写组合动作并绘制动作图解吗?(转化水平)

4. 你知道参加健身健美操比赛需要做哪些准备吗?你能和同伴组织比赛吗?(转化水平)

在反思中审视自身的不足和优势,为下一次学习奠定基础。

教师在单元教学完成后也应进行反思性教学改进,通过教学效果的评估进行教学改进,教师可以从以下几个方面进行反思。

1. 单元教学实施后,教学目标是否达成,学生是否掌握了知识与技能,掌握了多少;学生的素养是否有所提升,提升了多少。

2. 在教学中是否做到了教学评一致。教学方法与手段在教学中是否有需要改进和提高的地方;学习评价是否对应学习目标,能否更好地评估和促进学生的真实成长。

3. 思考教学过程中的得与失、疑与难,扬长避短,精益求精。

通过反思,评估学习评价与学习目标、教学内容、学生学情的匹配度,根据达成情况及时进行调整改进,在反思性教学改进中不断优化课堂教学,提高教师自身的专业素养。

三、单元教学案例

(一) 案例

本案例围绕"健美操:手臂动作组合与术语的联结"单元主题展开介绍,聚焦健身健美操与操舞运动学习的关键知识和能力,以动作组合学习、动作组合创编和术语运用为主线设计学生的学习过程。

【活动一】手臂动作组合(二)(第4课时)

本活动主要围绕"健美操:手臂动作组合与术语的联结"单元中较为关键的课时4,进行"手臂动作组合"学练的活动设计,帮助学生更好地掌握"举、屈、伸"等动作,建立术语与手臂动作转换的初体验。帮助学生在探究动作原理和合作学练中提高发现问题、分析问题、解决问题的能力。

教学任务	教学环节	教 学 过 程	评 述
掌握手臂动作组合(二)	手臂的"举、屈、伸"动作	1. 学习手臂动作组合前复习健身健美操基本手型,教师结合视频讲解示范手臂"举、屈、伸"等动作的方法和要求,学生跟随教师学习后分组学练,熟练掌握动作 2. 创设"连连看"游戏情境,设置三种模式,难度依次递增,在10秒倒计时内将屏幕上呈现的术语与手型或手位图片进行配对。将带有箭头标记动作路线的"举、屈、伸"等动作视频进行循环播放,引导学生在学练中体会动作路线与发力顺序,初步体验健身健美操术语与动作的内在联系 3. 提问:如何正确完成手臂的"举、屈、伸"等动作?教师巡视指导并拍摄学生的学练视频,在屏幕上播放视频,鼓励学生交流讨论,依据动作的重难点对易犯错误进行纠错;学生明确术语和动作的要求,理解术语,并与动作初步联结	教师通过创设"连连看"游戏情境,帮助学生更好地掌握基本手型与"举、屈、伸"等手臂动作,在学练中建立手臂动作与术语转换的初步联结

教学任务	教学环节	教 学 过 程	评 述
掌握手臂动作组合（二）	手臂动作组合（二）学与练（4×8 拍）	1. 引导学生在音乐伴奏下复习手臂动作组合（一），教师讲解示范以"举、屈、伸"为主的手臂动作组合（二），提出问题"如何做到手臂动作快速发力和及时制动"，引导学生积极思考 2. 教师讲解"节奏掌控"的要求与规则，鼓励学生在音乐伴奏下进行手臂动作组合（二）的练习，动作从 4 拍一动到 2 拍一动，控制力增强后 1 拍一动，注意保持良好的身体姿态；在练习强度阶梯式递增中不断增强动作的力度和速度，做到定位制动，学生分组展示 3. 运用语言引导学生进入"念动训练"情境，进一步强化动作细节。介绍"念动训练"的方法，鼓励学生将手臂动作组合（二）在头脑中完整地想象一遍，包括动作顺序、要领、用力方法等，想象的过程尽量详细并有真实的细节，然后运用术语将手臂组合动作进行完整描述后再跟随音乐练习，指导学生将思维活动与动作相结合 4. 组织学生分层分组学练，激发学生的自信心与表现力，教师巡视指导并纠错；学生掌握评价的方法，积极参与自评与互评，在评价中互相学习，共同提高；充分挖掘学生的思维能力，在小组配合中养成自主学习、积极思考、合作探究的习惯，激发不断超越自我的意识，培养集体荣誉感	教师通过"节奏掌控""念动训练"等环节，增强手臂动作的定位制动，强化动作过程与细节，让学生在合作探究中发现问题、分析问题、解决问题
	"我行我秀"创编展示	1. 提问：如何在手臂动作组合（二）的基础上进行造型创编？教师讲解造型创编的方法与要求，要求学生在巩固前两节组合动作的基础上，增加开始与结束造型；组织学生分组创编，可以选择教师提供的图片、视频等资源，也可以根据小组讨论和课前搜集的素材进行创编；鼓励小组成员深入交流、积极合作，发挥造型设计的想象力 2. 组织学生在"我行我秀"情境中展现创编的造型，并将展演动作拍成视频进行过程性记录；增强组员间的信任感和默契度，形成合作互助的优良品质，营造积极进取的学习氛围，体验合作创编的过程；根据评价表进行自评与互评	教师设置创编与展示环节，让学生尝试将已掌握的手臂动作组合在展示情境中进行运用，提高发现美、展示美的能力

【活动二】手臂动作组合与术语的联结（第 13、14、16 课时）

　　本活动主要选取"手臂动作组合与术语的联结"单元中第 13、14、16 课时进行活动设计。通过跨课时的活动展现，帮助学生掌握手臂动作组合，尝试健身健美操术语与手臂动作的联结，激发学生主动参与学习的热情，学生在完成学习任务的过程中，将思维活动与身体练习相结合，以掌握知识、提升能力。

教学任务	教学环节	教　学　过　程	评　述
掌握手臂动作组合，进行组合动作创编，并运用健美操术语记写动作组合	手臂动作组合学与练	1. 创设"冲关你最棒"游戏闯关任务情境，组织学生在规定时间内，根据屏幕上的术语提示完成相应的动作，并与屏幕上教师的示范动作做对比，看一看能做对几个 2. 组织学生学习以手臂"举、屈、绕"等基本动作组成的手臂动作组合，完成动作串联，并与音乐节奏协调配合 3. 组织学生进行分组练习，强化动作要领，运用"踩刹车"情境，强调手臂动作要做到快速发力与及时制动相结合，引导学生思考手臂制动如何做到有提前量 4. 组织学生进行"节奏大师"练习，配以4拍一动到2拍一动，控制力增强后1拍一动的音乐节奏，做到动作与音乐合拍，体现节奏感 5. 运用本节课学习的"举、屈、绕"动作，通过改变动作、动作顺序或节奏，创编新的手臂组合动作	教师通过创设"冲关你最棒""踩刹车"等任务情境，帮助学生探究动作原理，呈现动作的流畅与力度美；引导学生运用及时判断和动作展现，正确表达健美操术语
	创编手臂动作组合	1. 组织学生复习手臂动作组合，要求做到手臂路线清晰、快速发力、及时制动，能与音乐完美融合 2. 结合健身健美比赛视频，讲解健身健美操组合动作中造型、队形创编的方法与要求以及音乐选配的原则 3. 为学生提供造型、队形等图片和视频学习资源，组织学生以小组为单位对手臂动作组合进行改编，并选择合适的音乐 4. 鼓励小组进行成果展演，勇于展示，正确评价	教师为学生提供创编手臂动作组合学习资源，让学生在实践中融通已学内容，加深对创编的理解，在展示与评价中提高审美能力和分析能力
	采用术语记写法记写创编动作	1. 教师讲解健身健美操术语记写法的方法与要求 2. 在"冲关你最棒"游戏闯关情境中，根据视频中的基本术语表述及时做出相应的动作，建立术语与动作的正确联系 3. 教师下发画纸、记号笔，并在大屏幕上播放2个8拍手臂动作组合视频，组织学生根据本节课的学习内容，以小组为单位，根据屏幕上的视频动作在画纸中采用术语记写法进行术语记写 4. 小组进行展示与交流，师生共同评价	通过对组合动作视频进行术语记写，引导学生建立理论知识和动作技能的联系，打通健美操学习的密码，培养学生高阶思维

【活动三】组织"校园健身健美操比赛"并参与展演

　　活动三鼓励学生以"校园健身健美操比赛"为主题设计学习活动，并积极参与展演，实现课内学习与课外实践探索的有效衔接。通过创设问题情境，引导学生结合问题主动查阅文献资料，充分发挥主观能动性和创造性，运用音乐、美术等跨学科知识，为健身健美操比赛编制音乐、绘制宣传海报，培养学生的创新精神和实践能力。同时在学练情境中与同伴交流合作，在所学组合动作的基础上进行造型、队形和动作的编排，具有良好的合作能力和团队精神，以及适应环境变化的能力。

教学任务	教学环节	教 学 过 程	评 述
组织"校园健身健美操比赛"并参与展演	比赛组织与展演	1. 运用数学几何章节中的图形、物理中的作用力与反作用力等所学知识进行队形、造型或动作的编排,结合富有节奏与韵律的音乐,体现创编内容的层次性与空间感 2. 运用软件绘制校园健身健美操比赛流程、宣传海报 3. 在不同情境下进行动作展演	将学习的知识迁移到日常生活中,并运用跨学科知识进行问题解决,让学生从"学会"到"会学"、会"迁移与创造"

(二) 评述与建议

1. 评述

(1) 情境创设丰富多样,激发学生学习兴趣与主动性

在整个案例中,教师精心创设了多种情境,如"连连看"游戏情境、"冲关你最棒"游戏闯关任务情境、"我行我秀"创编展示情境、"念动训练"情境等。这些情境与教学内容紧密结合,将枯燥的健美操知识和技能学习变得生动有趣。例如,在"连连看"游戏情境中,学生在 10 秒倒计时内将术语与手型或手位图片进行配对,这种方式不仅增加了学习的趣味性,还能让学生在游戏中快速建立起术语与手臂动作的初步联系,提高了学生的学习积极性和参与度。

每个情境都有明确的教学目标导向。如"踩刹车"情境,旨在让学生利用物理知识理解手臂动作要做到快速发力与及时制动相结合,引导学生思考手臂制动如何做到有提前量,有助于学生更好地掌握动作要领。通过这些情境,学生在不同的学习任务中感受到乐趣,从而更主动地投入学习过程中。

(2) 注重知识与技能的循序渐进,培养学生综合能力

从教学内容的安排来看,体现了循序渐进的原则。以"手臂动作组合"的学习为例,从最初的学习手臂"举、屈、伸"等基本动作,到将这些基本动作组成手臂动作组合,并与音乐节奏协调配合,再到通过改变动作、动作顺序或节奏创编新的手臂组合动作,最后到运用术语记写创编动作,整个过程逐步深入,符合学生的认知规律。

在学习过程中,注重培养学生多方面的综合能力。在各个教学环节中,学生不仅要掌握健美操的动作技能,还需要进行思考、分析、创编、评价等活动。例如,在创编手臂动作组合环节,学生要根据所学知识进行造型、队形和动作的编排,选择合适的音乐,并进行成果展演和正确评价。这一过程锻炼了学生的创新能力、审美能力、团队协作能力以及分析问题和解决问题的能力。

(3) 关注跨学科知识的融合,拓展学生思维视野

案例中体现了跨学科知识的融合,如在"校园健身健美操比赛"活动中,鼓励学生运用数学中的几何知识进行队形、造型编排,运用物理中的作用力与反作用力知识优化动作设计,运用

软件绘制比赛流程和宣传海报等。这种跨学科的学习方式将健美操学习与其他学科知识相联系,拓宽了学生的思维视野。

跨学科知识的融合有助于培养学生的迁移能力和综合运用知识的能力。学生能够将不同学科的知识运用到健美操的学习和实践中,从不同角度思考问题,实现知识的整合与创新,使学生从单纯地"学会"健美操知识和技能,向"会学"以及能够"迁移与创造"转变。

(4)借助多样化的评价方式,促进学生全面发展

评价方式多样化,包括教师评价、学生自评和互评等。例如,在手臂动作组合学习过程中,教师巡视指导并拍摄学生的学练视频,播放视频后鼓励学生交流讨论,依据动作的重难点对易犯错误进行纠错;学生在分组展示中掌握评价的方法,积极参与自评与互评。这种多样化的评价方式能够全面、客观地评价学生的学习表现。

评价贯穿于教学的全过程,不仅关注学生的学习成绩,还注重学生的学习过程和进步情况。在每个教学任务的完成过程中,都有相应的评价环节,如闯关游戏中的即时评价、组合动作学习后的技能核查表、创编手臂动作组合后的成果展演与评价、术语记写后的小组展示与交流评价等。通过及时的评价反馈,学生能够了解自己的优点和不足,从而调整学习策略,改进学习方法,促进自身的全面发展。

2. 建议

(1)强化情境的真实性和实用性

在创设情境时,可以进一步增强情境的真实性和实用性。例如,在"校园健身健美操比赛"情境中,可以模拟真实的比赛场景,包括比赛规则、评分标准、观众反应等,让学生更深刻地体验到健美操比赛的实际情况,提高学生在真实情境下的应对能力。

(2)深度挖掘跨学科知识的融合点

教师在进行跨学科知识融合时,要深度挖掘不同学科知识与体育教学内容之间的融合点。不仅仅是表面上的知识应用,更要深入到学科思维方法和学科核心素养的融合。例如,在运用数学知识进行队形编排时,可以引导学生从数学的逻辑思维角度思考如何优化队形,以达到最佳的视觉效果和运动效果,培养学生的数学思维能力和体育审美能力。教师还可以收集整理与跨学科知识融合相关的教学资源,如跨学科的教材、案例、视频等,为学生提供丰富的学习资料。同时,在教学过程中要给予学生更多的指导和启发,帮助学生更好地理解和运用跨学科知识。

(3)优化教学内容的分层设计

根据学生的不同水平和能力,进一步优化教学内容的分层设计。可以将教学内容分为基础、提高和拓展三个层次,为不同层次的学生提供有针对性的学习内容和学习任务。例如,在手臂动作组合的创编环节,对于基础较弱的学生,可以提供一些简单的创编模板和指导,让他们能够在掌握基本创编方法的基础上进行适度创新;对于能力较强的学生,可以给予更多的自

主空间,鼓励他们进行更高难度的创编。同时,加强分层教学过程中的个别指导。教师要关注每个学生在分层学习过程中的表现,及时给予个别指导和反馈。特别是对于学习困难的学生,要给予更多的关心和帮助,确保每个学生都能在自己的能力范围内得到充分发展。

（4）提升评价的精准性和有效性

在评价过程中,要提高评价的精准性。制定更加详细、具体的评价标准和指标体系,避免评价的主观性和模糊性。例如,在对学生的健美操动作进行评价时,可以从动作的准确性、节奏感、表现力、创新性等多个维度制定明确的评价指标,使评价结果更具说服力,也可以利用现代信息技术提升评价的有效性。例如,可以利用视频分析软件对学生的动作进行量化分析,提供更加准确的数据支持;利用在线评价平台,方便学生进行自评和互评,提高评价的效率和便捷性。同时,要及时将评价结果反馈给学生,并根据评价结果为学生提供个性化的学习建议,帮助学生更好地改进学习方法,提高学习效果。